青莲朵朵

圆明园的石刻

刘阳 著

清华大学出版社
北京

版权所有，侵权必究。举报：010-62782989，beiqinquan@tup.tsinghua.edu.cn。

图书在版编目（CIP）数据

青莲朵朵：圆明园的石刻/刘阳著. —北京：清华大学出版社，2022.1
ISBN 978-7-302-59524-3

Ⅰ.①青… Ⅱ.①刘… Ⅲ.①圆明园—石刻—研究 Ⅳ.①K877.404

中国版本图书馆CIP数据核字（2021）第230604号

责任编辑：孙元元
装帧设计：谢晓翠
责任校对：王荣静
责任印制：杨　艳

出版发行：清华大学出版社
网　　址：http://www.tup.com.cn,　http://www.wqbook.com
地　　址：北京清华大学学研大厦A座　邮　编：100084
社总机：010-62770175　邮　购：010-62786544
投稿与读者服务：010-62776969, c-service@tup.tsinghua.edu.cn
质量反馈：010-62772015, zhiliang@tup.tsinghua.edu.cn

印装者：小森印刷（北京）有限公司
经　销：全国新华书店
开　本：154mm×230mm　印　张：12.75　字　数：190千字
版　次：2022年1月第1版　印　次：2022年1月第1次印刷
定　价：99.00元

产品编号：062858-01

目 录

上篇　园内遗存

一　圆明园展览馆　003

1. "汇万总春之庙"石匾（乾隆御笔）　004
2. 规月桥八景诗（乾隆御笔）　004
3. 生冬室"清澄秋爽"石匾（嘉庆御笔）　006
4. "烟岚"诗（道光御笔）　008
5. 任亮墓碑　009
6. 大水法石鱼一对　012
7. 观水法石刻屏风构件　014
8. 谐奇趣遗址出土的西洋假山石　017

二　圆明园遗址原址　019

1. 文源阁"玲峰"石（乾隆御笔）　020
2. 西峰秀色"长青洲"（乾隆御笔）　025
3. 正觉寺山门"正觉寺"石匾（乾隆御笔）　028
4. 狮子林"狮子林""虹桥"石匾（乾隆御笔）及乾御制诗21首　031
5. "镜香池"（嘉庆御笔）　066
6. "圆明园界"界碑　067
7. 碧澜桥　069
8. 养雀笼石刻构件　071

三　圆明园其他地区　073

1. "柳浪闻莺"石坊坊楣（乾隆御笔）　074

  2. 方壶胜境"涌金桥"（乾隆御笔）　078

  3. 披青磴（嘉庆御笔）　080

  4. 淳化轩碑刻　081

  5. 藻园"翠照""绮交"石匾（乾隆御笔）　085

  6. 蓬岛瑶台"瀛海仙山"诗　088

  7. "熙春洞"石匾（乾隆御笔）和"称松岩"诗（嘉庆御笔）　090

四　圆明园内非圆明园石刻　097

  1. 费莫氏墓地石牌坊构件及石狮　098

  2. 管理处门口北下关娘娘庙石狮一对　103

  3. 绮春园大门前狮子一对　105

  4. 玉泉山界湖牌坊构件　107

下篇　园外拾珍

五　北京大学　113

  1. "梅石"碑（乾隆御笔）　114

  2. "半月台"诗碑（乾隆御笔）　118

  3. "断桥残雪"石牌坊、对联及"柳浪闻莺"两侧石坊对联
（乾隆御笔）　120

六　中山公园　127

  1. 坐石临流"兰亭八柱"及"兰亭"碑（乾隆御笔）　128

  2. 别有洞天时赏斋"青云片"石（乾隆御笔）　134

  3. 含经堂"搴芝"石（乾隆御笔）　145

  4. 含经堂"绘月"石（乾隆御笔）　148

iii

七 国家图书馆 151

1. "望瀛洲"昆仑石（乾隆御笔） 152
2. 《文源阁记》碑（乾隆御笔） 155
3. "训守冠服国语骑射"碑（乾隆御笔） 161

八 中国园林博物馆 165

茜园"青莲朵"石（乾隆御笔） 166

九 颐和园 169

《水木明瑟诗》等四块太湖石（乾隆御笔） 170

十 西交民巷宅院 175

1. "普香界"（乾隆御笔） 176
2. "护松扉"及"排青幌"（嘉庆御笔） 177
3. "屏岩"（乾隆御笔） 178
4. "翠潋"（嘉庆御笔） 180
5. 《题狮子林十六景用辛丑诗韵》之"云林石室"诗、"右画舫"（乾隆御笔） 181

十一 达园宾馆 185

1. "前湖"昆仑石（乾隆御笔） 186
2. "月台"（乾隆御笔） 190

十二 崇文门地区四合院内 193

"披云径"石碑（乾隆御笔） 194

参考文献 197

园内遗存

上篇

一　圆明园展览馆

1. "汇万总春之庙"石匾（乾隆御笔）

花神庙位于圆明园四十景之一的濂溪乐处南面，正名曰"汇万总春之庙"。各殿皆为卷棚悬山顶。花神庙仿杭州西湖花神庙而建，正殿内供奉有花神牌位。皇帝、皇后每年都要定期到此拈香。在花神庙东北，有乾隆四十九年（1784）添建的石舫一座，并赐名"宝莲航"。

咸丰十年（1860），花神庙被英法联军彻底焚毁。2012年工作人员在清理花神庙遗址时，挖掘出了乾隆御笔"汇万总春之庙"石匾。此石匾现存圆明园展览馆内。

花神庙"汇万总春之庙"石匾及拓片（乾隆御笔）

2. 规月桥八景诗（乾隆御笔）

此石刻2012年出土于廓然大公景区规月桥遗址。"廓然大公"是圆明园四十景之一，占地面积5万平方米，是园内较大的园中之园。

廓然大公是圆明园较早建成的一组景区，早在康熙末年圆明园还是皇四子赐园的时候就已经建成，初名"深柳读书堂"，乾隆年后称"廓然大公"，又称"双鹤斋"。在乾隆二十年（1755）又对廓然大公进行了改建，景致仿无锡惠山寄畅园，而叠石则是模仿盘山静寄山庄。

康奈尔大学藏规月桥旧照

清代样式房制圆明园廓然大公烫样

　　廓然大公景区西南有一廊桥，桥廊悬挂乾隆御笔"规月桥"。为了便于皇帝直接乘船进入景区，此桥的拱很大。咸丰十年（1860）英法联军攻入圆明园，廓然大公景区由于地处偏僻，林木茂盛，东、西、北又都有山脉环抱，所以此景区未被破坏，完整地保留了下来，光绪皇帝和慈禧太后还曾多次到这里游览并在此用膳。

　　可惜到光绪二十六年（1900），八国联军入侵北京，圆明园处于无人管理的状态，廓然大公残存的建筑被周边土匪毁损。规月桥在民国时期倒塌。

　　此石刻上有乾隆十九年（1754）御制规月桥诗，为廓然大公八景诗中的一首。

规月桥乾隆御笔石刻刚出土时的样子

规月桥乾隆御笔拓片

释文：拖如玉带曲如钩，上置行廊又似舟。仙术何须倩法善，往来常作广寒游。
甲戌御题。

3. 生冬室"清澄秋爽"石匾（嘉庆御笔）

生冬室是绮春园四季景观中的冬景，在乾隆时期就已经建成，那时叫"明善堂"。嘉庆时期进行了扩建和改造，更名"生冬室"。

生冬室位于绮春园春泽斋南，占地面积8000平方米。正殿七间，前出抱厦三间，后出抱厦五间，室内中层殿西间西南部设有戏台。戏台高4.45

米,约25平方米。此戏台一直是绮春园内皇太后园居游乐的主要场所。一般遇上下雨或恶劣天气,皇太后都会到生冬室内的戏台看戏。

生冬室东西套殿与正殿相连,为皇太后欣赏荷花之处,生冬室东套殿东北角过印月桥与春泽斋相连接。

"清澄秋爽"石匾是1986年整修绮春园山形水系时,从春泽斋西侧长河进入后湖之水关处出土的。根据内务府《活计档》所载,嘉庆十八年(1813)五月进工匠至"生冬室水云关钩刻石匾",说的就是此匾。此石匾是圆明园仅存的一块嘉庆御笔石匾,现于正觉寺马首回归特展展出。

刚出土时的嘉庆御笔"清澄秋爽"匾

嘉庆御笔"清澄秋爽"拓片

现存于正觉寺马首回归特展的"清澄秋爽"石匾

4. "烟岚"诗(道光御笔)

此石在1994年狮子林河道局部清理时出土,上有道光御笔"烟岚"诗题刻。诗中描写的景物是狮子林十六景中的"烟岚"。

狮子林,位于长春园东北部,是一座园中园。占地1.5万平方米,建筑面积2100平方米。狮子林一景,实由东西两部分组成。西部丛芳榭一带于乾隆十二年(1747)基本建成,东部园林,是在二十余年后,仿苏州名园添建的狮子林,于乾隆三十七年(1772)建成。道光八年(1828)又对狮子林进行了全面修缮,并对西部丛芳榭一带作了局部添建改建。见同年六月道光御制"狮子林十六景"诗,十六景为层楼、曲榭、花坞、竹亭、萝洞、水门、苔阶、莎径、崖磴、溪桥、云窦、烟岚、叠石、流泉、长松和古柳。"烟岚"即其中一景。这方奇石主体保存尚好,题刻无损,尤其是刻有确切年款(戊子,道光八年,1828)的道光御笔,在圆明园极为少见,是目前圆明园遗址仅存的两块道光御笔石刻之一,弥足珍贵。

现存圆明园展览馆内的道光"烟岚"诗石刻

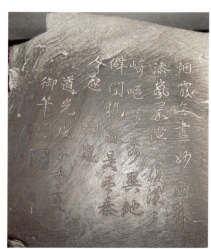

狮子林道光"烟岚"诗

狮子林道光"烟岚"诗拓片

释文：烟霞纷尽妙，雨霁添岚翠。漠漠复濛濛，崎岖多秀异。地僻问樵苏，是否秦人避。烟岚。道光戊子季夏御笔。

5. 任亮墓碑

"技勇"是清宫的特殊太监，只有圆明园才有。他们是负责园内帝后寝宫附近的巡更侍卫。在太监中设置技勇，始自雍正朝，就是选一些精干年轻的太监，教习武术军械，再由技勇中挑选御前小太监。乾隆嘉庆时期，圆明园的五六百名太监中有七十名是技勇太监。此后技勇太监之设也一直相沿未变。到了道光时期，大量裁撤了圆明园的护军数量和编制，圆明园的技勇太监的责任更加艰巨，所以皇帝容许他们在园内佩带长枪、腰刀等军器。

咸丰十年（1860），英法联军攻入北京后，来到圆明园出入贤良门，打算进入圆明园活捉咸丰。此时守卫京师的军队纷纷溃散，圆明园护军也先敌而逃。技勇太监任亮带领的二十余名技勇太监，在不知道法军实力的情况下勇敢抵抗，经过一番激战之后，全部战死。

法国侵略军司令孟托邦在次日写给上司的报告中写道：法军有数人（包括两名军官）受伤，其先头部队的"军曹长比挪，胸部受剑创极深，左手中矢"（此人不日即先期回法养伤），另一名军官则中弹。

任亮，字明亭，直隶河间（今属河北）人，出身穷苦，自幼净身入宫为监。他"平生正直，当差谨慎，又遭此大节，实堪景慕"。"技勇三学"的同僚，在次年四月为他"建立碑文，记其名氏，以期永垂不朽"。这块墓碑后被湮没，1983年夏天，在清华教工住宅楼建筑工地上挖出一块石碑，就是当年为了纪念任亮而立的那块墓碑，遂使任亮等技勇太监的英雄壮举，得以重现于世，昭示后人。

此碑记录了圆明园在外国侵略者到来之际唯一的一次抵抗，尽管这次的抵抗很微弱，但却象征中华民族不屈不挠的精神！

1983年夏天，在清华教工住宅楼建筑工地上挖出的任亮墓碑及碑文

现存圆明园展览馆内的任亮墓碑

任亮墓碑碑文拓片（皇清圆明园技勇八品首领讳亮字明亭任公之墓）

释文：咸丰十年八月二十二日明亭公在出入贤良门内遇敌人接仗殉难身故技勇三学公中之人念其平生正直当差谨慎又遇此大节实堪景慕因建立碑记其名氏以期永垂不朽云。

勇哉明亭，遇难不恐。念食厚禄，必要作忠。奋力直前，寡弗敌众。殉难身故，忠勇可风。

咸丰辛酉四月河间王云祥撰并书。技勇三学。

6.大水法石鱼一对

  大水法石鱼，长126厘米，宽93厘米，高50厘米。原来位于圆明园西洋楼大水法前。法国人莫里斯·亚当曾经在20世纪20年代拍摄过石鱼尚在大水法喷泉前的照片，此照片后被收录到1936年出版的《十八世纪耶稣会士所作圆明园工程考》一书中。20世纪30年代中期被国民党陆军中将杨杰（1889—1949）从西洋楼大水法搬到北京西单横二条其私宅院中。2005年被作者于西单横二条一座民宅中发现。后经过和产权单位协商，2006年11月此对石鱼终于回归圆明园。此石鱼现存圆明园展览馆，已经成为展览馆的镇馆之宝。

大水法石鱼被作者发现时的样子

现存圆明园展览馆内的大水法石鱼

大水法铜版图

大水法复原推想图（陆伟绘）

廞伦1917年拍摄的大水法下的石鱼

7. 观水法石刻屏风构件

此石刻原为西洋楼观水法宝座后石刻构件,咸丰十年(1860)圆明园罹难后,被断为数截,这是其中一截。曾一度沦为工厂墩布座,后被运回圆明园,今存圆明园展览馆院内。此石刻不但雕刻精细,而且其工艺十分复杂,是西洋楼地区现存石刻中的精品。

现存圆明园展览馆院内的原观水法宝座前石刻构件

石刻细节

1882年，法国人谢满禄伯爵拍摄的观水法遗址（此时石刻尚在原址）

观水法铜版图

8. 谐奇趣遗址出土的西洋假山石

此石刻为1992年从谐奇趣遗址出土的西洋假山石，原属于谐奇趣水法池中的装饰物。咸丰十年（1860）圆明园罹难后，水法池荒废，此石刻被泥土湮没，直到1992年再次出土。

现存圆明园展览馆内的西洋假山石

1992年从谐奇趣遗址出土的西洋假山石

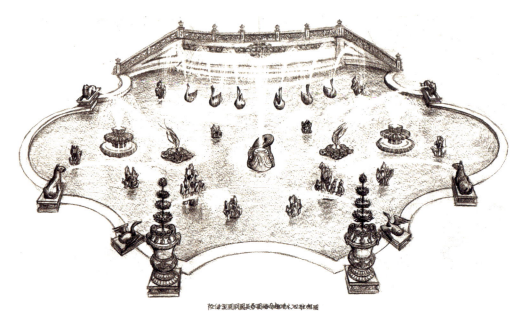

谐奇趣前水法池复原图（陆伟绘）

谐奇趣南面铜版图

二 圆明园遗址原址

1. 文源阁"玲峰"石（乾隆御笔）

文源阁地处圆明园中北部，占地面积1.6万平方米，是圆明园最大的藏书楼。

文源阁地址最初为水木明瑟北部的一片稻田，雍正时期还建有一座四达亭，到乾隆四十年（1775）乾隆下旨，在此仿照浙江宁波范氏天一阁修建了文源阁。文源阁内藏有《古今图书集成》一部万卷，《四库全书》一部八万卷。《古今图书集》是康熙时编纂的一部大型图书，耗时十年，而《四库全书》是于乾隆三十八年（1773）开始编纂，到四十七年（1783）才宣告编纂完毕，也历时十年，全书分经、史、子、集四大部分，故称"四库"。该书共抄写七部，分藏于北京紫禁城文渊阁、圆明园文源阁、承德避暑山庄文津阁、沈阳故宫文溯阁、扬州文汇阁、镇江文宗阁和杭州文澜阁，其中文渊阁、文源阁、文津阁、文溯阁四阁合称"内廷四阁"。

咸丰十年（1860）英法联军焚毁圆明园，文源阁也被大火焚毁。但"玲峰"石一直保存完好。

"玲峰"石上的乾隆御笔

被炸毁前的文源阁"玲峰"石旧照

1924年,此石被土匪炸成数段,今残石仍存于原处。从现存残石还可以辨认出《题文源阁作》《文源阁再作玲峰歌》《文源阁玲峰石诗刻彭元瑞敬题》《文源阁玲峰石诗刻曹元埴敬题》等题诗遗迹。

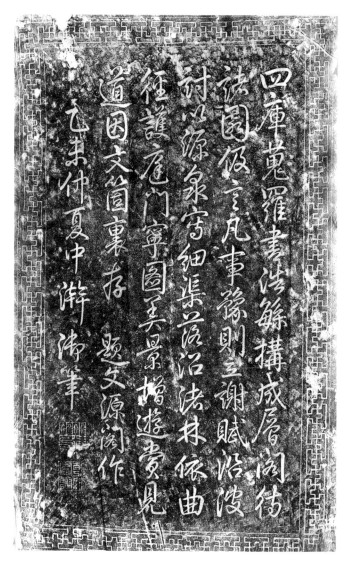

题文源阁作

释文:四库搜罗书浩繁,构成层阁待诸园。仅言凡事豫则立,谢赋沿波讨以源。泉写细渠落沼渚,林依曲径护庭门。宁图美景增游赏,见道因文个里存。题文源阁作。乙未仲夏中浣御笔。

文源阁再作玲峰歌

释文：（青芝岫及此玲峰，二物均西山神产。前后以徐舁致之，未牲告讵劳书简。芝岫乐寿树塞门，玲峰文源峙溪堰。）岫横峰竖各适用，造物生材宁可弃。体大器博复玲珑，八十一穴过犹远。取自崇冈历平野，原匪不胫实车转。岂其出于不测渊，岂毁桥梁凿城闉。所幸在兹愧在兹，作歌箴非颂善。

再作玲峰歌。丙申新正中浣御笔。

文源阁玲峰石诗刻彭元瑞敬题

释文：□□□□……□□□□谢□□位置宁书城连□□□□亭亭杰阁重霄矗清波宙鑑淳影长横□□□俨逼高棂众穷穿曦魄孤峦幻晦暝池光痕□□藜火色分青缘趾苔文上被崖草带馨撑空十□□□得气亿千龄宝晋夸淮泗平泉陋醉醒

□名新翰洒借境昔

銮停鸟速多奇秘，娜嫘有典型。画疑成卦象，落欲傍奎星。积卷层岩叠，虚堂泚水泠。笔峰同岝崿，意匠镇珑玲。

睿咏词徵实，天题义勒铭。圣言群仰止，源出达沧溟。

臣彭元瑞敬题。

文源阁玲峰石诗刻曹元塽敬题

释文：□曾余海岳癖勺园犹记大房珍谁知芝岫披沙□□有云根攫秀新名借摄山

天□锡光侬

蘩阁地尤亲后先等是遭逢幸拂拭居然出暗尘崷奇历落不凡林冉冉云容廿尺堆岂是百夫能辇致却疑一鹫忽飞来穿将月色重重徹□得苔花面面开嗟彼壶中九华□东坡问讯几徘徊玉□□与□玲珑久入

文轩造化工灵石巧将双美合奇峰涌出百层空烟开金洞浅深启地缩茅山高下通不假五丁神力□天然□□复笔㧑□书藏二西古称之位置

文源阁下宜每滴露于和墨处不生云亦荡育时百千万贮宝函富八十一翰层穴奇蕴采含辉

香案侧怡

情还作砚山坡

臣曹文塽敬题。

被炸成数段的"玲峰"石

2. 西峰秀色"长青洲"（乾隆御笔）

　　西峰秀色，圆明园四十景之一，位于鱼跃鸢飞之南。本景四周环水，外障冈阜，是一处园中园。本岛南北长90米，东西宽120米，占地1.1万平方米，建筑面积1750平方米。长青洲位于西峰秀色景观的西北面，西与小匡庐相邻，东与仿照西湖十景之一的花港观鱼景观相邻，是一个独立的小岛，岛上乔松翠盖、叠石嶙峋，乾隆三年（1738）御题名"长青洲"。乾隆御题"长青洲"石刻今仍立于原址上，是圆明园现存唯一一座百年来依旧屹立在原址的御笔石刻。

圆明园四十景——西峰秀色中的长青洲和小匡庐景观

长青洲岛现状

乾隆御笔"长青洲"石刻

3. 正觉寺山门"正觉寺"石匾（乾隆御笔）

正觉寺位于绮春园正门西，占地面积12660平方米。

正觉寺于乾隆三十八年（1773）就已建成，是绮春园中最大的佛寺，俗称"喇嘛庙"。正觉寺和圆明园的月地云居佛寺相比有很大的不同，正觉寺属于满族喇嘛寺。北京地区满族喇嘛寺共有六处：东陵隆福寺、西陵永福寺、香山宝谛寺、圆明园正觉寺、西山功德寺、承德殊像寺。各寺喇嘛从地位最高的达喇嘛到最低的德木齐、格斯贵全部是满族人。他们是从包衣人和满洲兵丁子嗣内选取的，诵满文经卷。正觉寺建成后乾隆从香山宝谛寺调来喇嘛四十一人，其中首领喇嘛一人，小喇嘛四十人。每月初一、初八、十三日、十五日，这些喇嘛都要在正觉寺内念经。乾隆不定期地来正觉寺诵经。

正觉寺坐北朝南，有独立的山门通向园外，同时又有后门与绮春园园内相通。正觉寺是圆明三园唯一一组独立通向园外的景区。

正觉寺山门为三开间，门外檐石刻乾隆御书汉、满、藏、蒙四种文字的"正觉寺"匾，正觉寺山门东、西建有旁门一座，此山门只有在正觉寺举行重大活动时才开启，平时僧侣只能从旁门进出。山门殿塑有哼哈二将，形象威武凶恶。

进入山门后是天王殿五间，殿中供奉有大肚弥勒佛一尊，殿内东、西两侧是四大天王塑像。

天王殿前东、西建有钟、鼓楼，楼前各立有旗杆一根。

天王殿后为单檐庑殿顶正殿七间，名曰"三圣殿"。殿前、后有廊，殿后有抱厦三间。殿前有月台，殿内正中塑楠木三世佛雕像，东、西分别列十八罗汉彩塑。后抱厦内塑南海大士一尊。

天王殿与三圣殿东、西分别建有配殿五间，均为喇嘛住房。

三圣殿北建有八方重檐亭一座，外檐悬挂"文殊亭"匾。文殊亭前有通道与三圣殿相通，亭内有神台，高六尺，为长方形汉白玉须弥座，须弥座上置一木雕文殊菩萨骑狮像，据说按照乾隆相貌塑造。狮高一丈四尺，文殊菩萨为楠木雕刻，高三丈。左右立二站童，东为黑狮奴，虬鬓鬈发，手持

正觉寺山门

青狮缠绳,传说此人为西域回鹘人。右为韦陀,身披甲胄,神态威武(也有传说此人为乾隆侍卫白大将军),持棒侍立,二像皆高八尺。

文殊亭后是正觉寺的最后一组建筑,为二层七间的后罩楼,名曰"最上楼"。曾亲眼见过正觉寺最上楼内佛像的金勋先生在后来的记载中写道:"最上楼下层中间供奉五方佛,身分五色,皆像如来佛容颜,正中一尊为黄色,东次间为蓝色,东稍间一尊为绿色,西次间一尊为红色,西稍间一尊为白色。西板墙设罗汉床一,为章嘉呼图克图座位。西山摆置一排经柜,内藏四体字经文。"五方指东、南、西、北、中五个方位,是由佛教的五种智慧所成。最上楼东、西各有五间配殿,为僧侣住房。

在咸丰十年(1860)和庚子事件(1900)圆明园两次劫难中,正觉寺都因地处偏僻地区而幸免于难,成为圆明三园中唯一一组保存至今的建筑。正觉寺在民国年间曾为北洋政府代总理颜惠庆的私人别墅,在此期间,颜惠庆命人拆去佛像,资遣喇嘛。新中国成立后,正觉寺一度作为清华大学教职员工宿舍,保存还算完好。"文革"期间,正觉寺被工厂占用,乱拆乱建,破坏得十分严重。2001年政府将工厂迁出,对正觉寺进行了一期的治理修缮,将山门、三圣殿东西配殿、文殊亭按原样修复,并对天王殿、最上楼进行了考古挖掘。2003年10月,正觉寺一期工程完工,修缮工程包括山门、文殊亭、东西五佛殿、东西配殿、西转角房等古建，共计990平方米。2009年12月16日，正觉寺复建保护工程正式开工，投入约3000万元人民币。复建内容包括天王殿、三圣殿、最上楼、六大金刚殿、东转角房、东路辅房、掖门、院门、值房等。但这次复建因为资料有限等原因，三圣殿被复建为重檐歇山顶，而历史上的正觉寺三圣殿则是单檐庑殿顶。2010年10月8日，在圆明园罹难150周年纪念日前夕，正觉寺主体工程完工。2011年7月6日，正觉寺复建保护工程全面竣工，对外试开放。

汉满藏蒙四种文字御书的正觉寺山门匾额及拓片

4. 狮子林"狮子林""虹桥"石匾（乾隆御笔）及乾御制诗21首

狮子林位于长春园东北部，占地面积1.5万平方米。乾隆三十七年（1772），乾隆第四次南巡回来后，命人仿照苏州狮子林制作好模型后回京仿建。道光八年（1828）又进行了部分添建。道光48岁生日时还曾陪皇太后到狮子林游赏、进膳。

狮子林景区充分汲取了倪瓒《狮子林图》的意境，以山景为主，所有建筑体量都修建得很小，广堆假山，假山之上建有亭台楼阁。这里的叠石也以太湖石为主，奇峰异石相间其中，既有皇家园林的气魄，又不乏苏州园林的灵秀。

狮子林的入口位于其景区东部的正南部，是一座东向水关。水关南岸立乾隆御书"狮子林"石匾一块，水关石拱内外两侧分别刻有乾隆御制"狮子林"诗刻石10幅。进入水关后，岸北叠石之上，建有敞厅三间，名曰"清淑斋"，在清淑斋四周还有大量御制诗刻石。清淑斋西有一石券桥与西部的丛芳榭院落相连接。石券桥桥拱上刻乾隆三十九年（1774）御制"虹桥"景名及诗刻10幅。

狮子林景区在1860年被英法联军焚毁后，假山叠石御制诗刻还多有保存，但在随后近百年的人为破坏及盗挖后，留存下来的已经少得可怜了。20世纪90年代中期，圆明园管理处对狮子林进行了简单的挖掘，发现了大量乾隆御笔石刻。后圆明园管理处在原址复原了虹桥、水关等部分景点，将石刻按照原样归位至今。狮子林也是目前圆明三园中保存乾隆御笔最多的景区。

狮子林北水门

狮子林南水门

狮子林虹桥

狮子林复原图

"狮子林"匾额及拓片

壬辰暮春月御题匾额及拓片

释文：最忆倪家狮子林，涉园黄氏幻为今。因教规写阛阓趣，为便寻常御苑临。不可移来惟古树，遄由飞去是遐心。峰姿池影都无二，呼出艰逢懒瓒吟。壬辰暮春月御题。

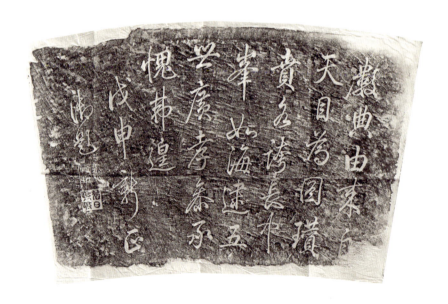

狮子林戊申新正御题（南侧水关东面北3石）匾额及拓片

释文：数典由来自天目，为图瓒贡各夸长。中峰如海逮五世，广孝参承愧弗遑。
　　　戊申新正御题。

狮子林丙午新正月御题（南侧水关东面北4石）匾额及拓片

　　释文：初谓狮林始自倪，谁知维则早拈题。怜他不忘本师处，者个犹存方寸兮。
　　丙午新正月御题。

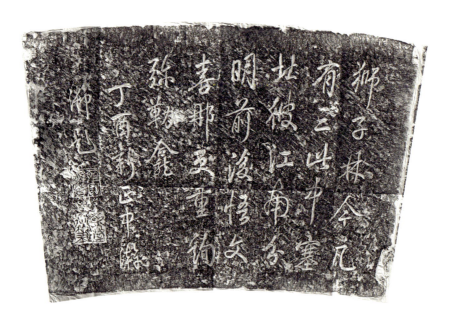

狮子林丁酉新正中浣御题（南侧水关东面北5石）匾额及拓片

释文：狮子林今凡有三，此中塞北彼江南。分明前后悟文喜，那更重询弥勒龛。
丁酉新正中浣御题。

狮子林乙未新正中浣御题（南侧水关东面北6石）匾额及拓片

释文：上元前后有余闲，况复园中咫尺间。未可泛舟沿冻浦，已欣入画对春山。盆梅几朵吐芳意，檐雀一声叩静关。雅是云林习禅处，却予缱念在民艰。
……新正中……

狮子林己亥仲夏中浣御题（南侧水关东面北7石）匾额及拓片

释文：狮林数典自倪迂，一再肖之景不殊。明岁金阊问真者，是同是异答能乎。
己亥仲夏中浣御题。

狮子林癸卯新正中浣御题（南侧水关东面北8石）匾额及拓片

释文：一之为甚岂容三，得莫其风渐自南。欲问狮林结跌者，是龛异也抑同龛。
癸卯新正中浣御题。

狮子林壬子新正月御题（南侧水关东面北9石）匾额及拓片

释文：狮林本是重闱景，数典元明订始全。春孟余间来一豫，题词瞥眼又三年。
壬子新正月御题。

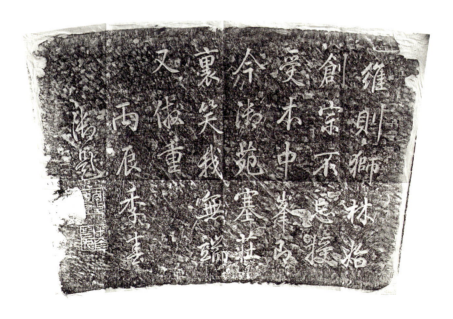

狮子林丙辰季春御题（南侧水关西面南5石）匾额及拓片

释文：维则狮林始创宗，不忘授受本中峰。即今御苑塞庄里，笑我无端又仿重。丙辰季春御题。

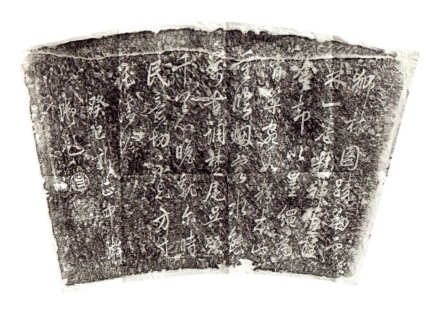

狮子林癸巳新正中浣御题（南侧水关西面南6石）匾额及拓片

释文：狮林图迹创云林，一卷精神直注今。却以墨绳为肖筑，宛如粉本此重临。烟容水态万古调，楚尾吴头千里心。瞻就尔时民意切，不忘方寸托清吟。癸巳新正中浣御题。

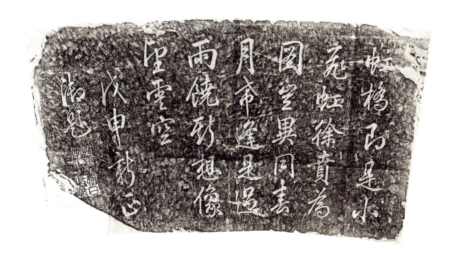

虹桥戊申新正御题（虹桥南面东5石）匾额及拓片

释文：虹桥即是小飞虹，徐贲为图岂异同。春月希逢是过雨，饶斯想像望云空。戊申新正御题。

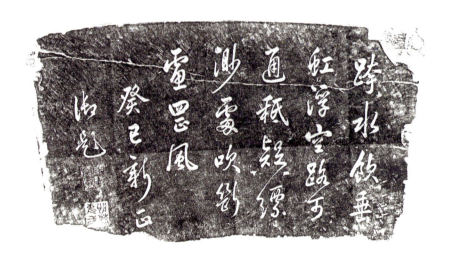

虹桥癸巳新正御题（虹桥南面东6石）匾额及拓片

释文：跨水饮垂虹，浮空路可通。只疑缥渺处，吹断虑罡风。
癸巳新正御题。

"虹桥"（虹桥南面东7石）匾额及拓片

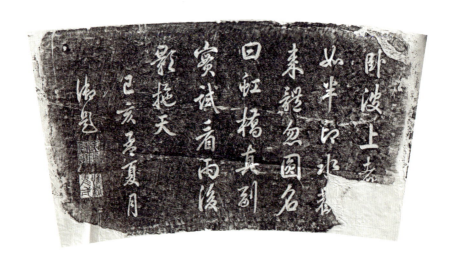

虹桥己亥孟夏月御题（虹桥南面东8石）匾额及拓片

释文：卧波上者口如半，印水观来体忽圆。名曰虹桥真副实，试看雨后影拖天。己亥孟夏月御题。

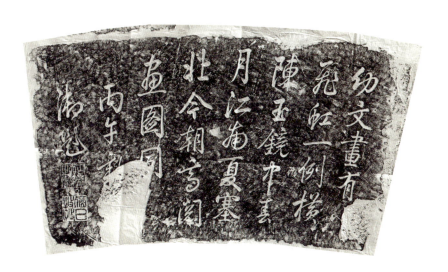

虹桥丙午新正御题（虹桥南面东9石）匾额及拓片

释文：幼文画有□飞虹，一例横陈玉镜中。春月江南夏塞北，今朝齐阅画图同。
丙午新□御题。

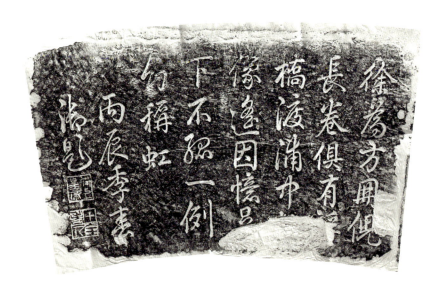

虹桥丙辰季春御题（虹桥北面西4石）匾额及拓片

释文：徐为方册倪长卷，俱有浮桥渡浦中。口像遥因忆吴下，不孤一例幻称虹。丙辰季春御题。

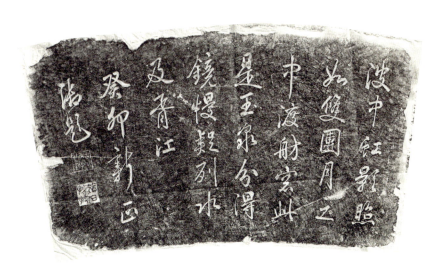

虹桥癸卯新正御题（虹桥北面西5石）匾额及拓片

释文：波中虹影照如双，团月之中渡舫窗。此是玉泉分得镜，慢疑列水及胥江。
　　　癸卯新正御题。

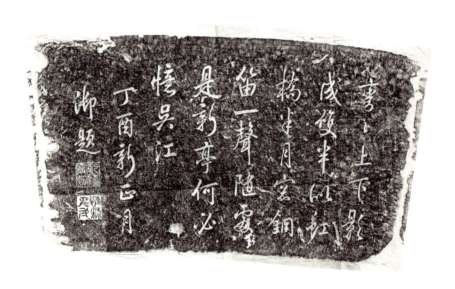

虹桥丁酉新正月御题（虹桥北面西6石）匾额及拓片

　　释文：弯弯上下影成双，半似虹桥半月窗。铜笛一声随处是，新亭何必忆吴江。
　　丁酉新正月御题。

虹桥壬辰暮春御题（虹桥北面西7石）匾额及拓片

释文：驾溪宛若虹，其下可舟通。设使幔亭张，吾当问顺风。
　　　壬辰暮春御题。

虹桥乙未新正御题（虹桥北面西8石）匾额及拓片

　　释文：饮虹跨两岸，冰渚步堪通。因之生别解，半实半犹空。
　　　　乙未新正御题。

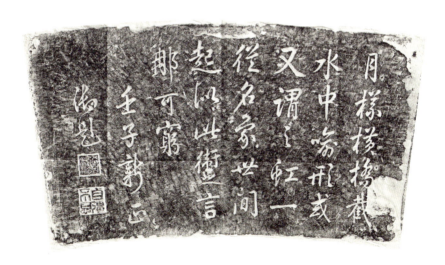

虹桥壬子新正御题（虹桥北面西9石）匾额及拓片

释文：月样横桥截水中，喻形或又谓之虹。一从名象世间起，似此覼言那可穷。
壬子新正御题。

狮子林"水门"诗碑壬辰暮春御题匾额及拓片

释文：墙界林园水作门，泛舟雅似武陵源。赢他只有渊明记，不及迂翁画卷存。
壬辰暮春御题。

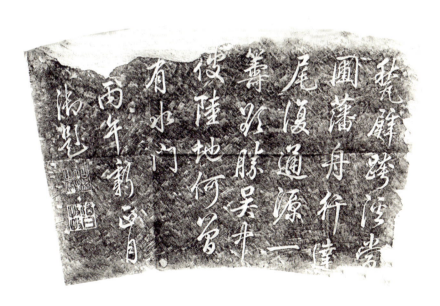

右水门 丙午新正月御题（北水门南面东3石）匾额及拓片

    释文：甃壁跨溪当圃藩，舟行达尾复通源。一筹欲胜吴中彼，陆地何曾有水门。
    丙午新正月御题。

水门己亥仲夏御题（北水门南面东4石）匾额及拓片

释文：跨波月样辟为门，一棹因之与探源。指日山庄问津处，文园重与细评论。
己亥仲夏御题。

水门乙未新正御题(北水门南面东5石)

释文:跨波门径上骑墙,历历人行来往航。设使桃源拟洞口,不教迷路误渔郎。
乙未新正御题。

水门癸巳新正御题（北水门南面东6石）匾额及拓片

释文：跨水为墙下置门，此由溯委此探源。艺林夫岂外道义，我亦因之成性存。癸巳新正御题。

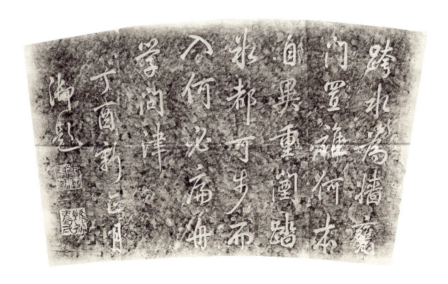

水门丁酉新正月御题（北水门南面东7石）匾额及拓片

释文：跨水为墙瓮门置，谁何本自异重阛。踏冰都可步而入，何必扁舟学问津。
丁酉新正月御题。

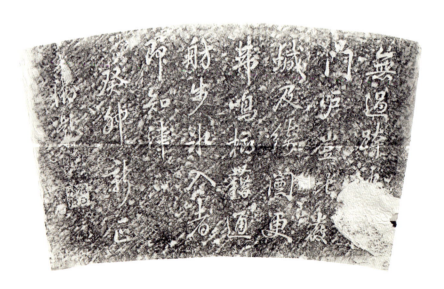

水门癸卯新正御题（北水门南面东8石）匾额及拓片

释文：无过跨水口门户，岂比严城及绮闉。更弗鸣榔藉通舫，步冰入者即知津。
癸卯新正御题。

右水门戊申新正御题（北水门南面东9石）匾额及拓片

释文：水门只可进舟行，冰上原来步更轻。然则设防竟何事，荡平王道会应精。戊申新正御题。

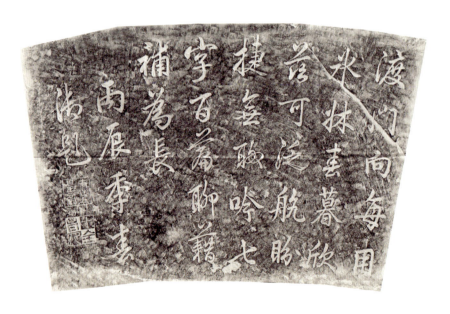

右水门丙辰季春御题（北水门北面西5石）匾额及拓片

释文：渡门向每用冰床，春暮欣兹可泛航。盼捷无聊吟七字，百篇聊藉补为长。
丙辰季春御题。

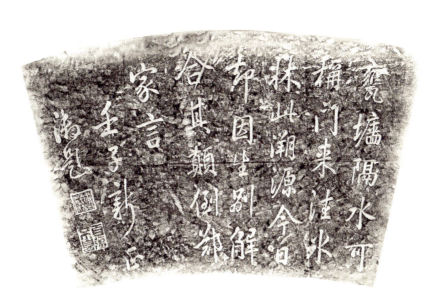

右水门壬子新正御题（北水门北面西6石）匾额及拓片

  释文：瓮墙隔水可称门，来往冰床此溯源。今日却因生别解，合其颠倒郑家言。
    壬子新正御题。

5. "镜香池"（嘉庆御笔）

嘉庆御笔"镜香池"石刻于2017年在如园含碧楼遗址前出土。此诗为嘉庆在嘉庆十七年（1812）七月为"如园十景"之一镜香池所作的诗句。此石刻在原址保存。

"镜香池"诗句碑文及拓片

释文：朱华翠盖满池塘，实结初秋夏绚芳。晤对静参色空谛，花中君子镜中香。
壬申孟秋月之上浣御题。

如园复原图

6. "圆明园界"界碑

  圆明园在咸丰十年（1860）被英法联军焚毁后，遗址尚存。但在随后的日子里，遗址被逐渐破坏。尤其是在1900年"庚子事件"后，圆明园彻底无人管理。圆明园周边村落的老百姓开始大规模地进入圆明园遗址内圈地、开垦，甚至破坏。进入民国后，当时的国民政府对于破坏并占据圆明园遗址的现象也是无可奈何。

  1933年，袁良出任北平市长，上任之初，正逢《塘沽协议》签字后不久，华北局势危在旦夕。袁良考虑到北平作为元、明、清三朝古都，集中国宫阙、殿宇、苑囿、坛庙之大成，荟萃了中国古代建筑的艺术精华，而此时日本对北平和华北已经垂涎欲滴。由此若将北平规划建设成为旅游胜地，使北平成为东方最大的文化都市，定能让北平为国际社会所瞩目，借此也可以遏止日本的"染指"图谋。袁良力主借鉴欧美各国最先进的城市规划与市政建设经验，锐意革新，力图整顿，颁布了《北平市游览区建设计划》《北平市沟渠建设计划》《北平市河道整理计划》等城市建设计划。为保障上述规划实施，市府发行公债，改善财政税收状况，开北平大规模城市现代化建设之先河。袁良在任市长期间，大力推进对"圆明三园"的勘测。1933年12月，北平市工务局对圆明园遗址进行清理和测绘。勘测期间，北平市政府组织专门的委员会，对圆明园遗址进行地形测量、遗址搜求、详确方位。此"圆明园界"石应该就是在这期间竖立的。

1988年，圆明园遗址公园成立后，"圆明园界"石尚存有两块，一块位于绮春园广场原址，一块位于正觉寺北墙西北角，但正觉寺北墙西北角的"圆明园界"石已经遗失。今天仅存绮春园广场"圆明园界"石。另外在1999年圆明园西部遗址清理过程中，在一户农民家中发现一块"圆明园界"石，应该和绮春园广场那块是同一批的，此石现存圆明园管理处库房。

现存绮春园广场原址上的"圆明园界"石

一度被老百姓收藏的原"圆明园界"石

正觉寺北墙西北角的"圆明园界"石

7. 碧澜桥

碧澜桥是圆明园坦坦荡荡景区北部的石券桥。此桥在圆明园罹难后倒塌，2004年从原址发掘出土。乾隆御笔"碧澜桥"保存完好。碧澜桥已于2015年按原样复建。碧澜桥上的乾隆御笔"碧澜桥"也是目前圆明园仅存的两个乾隆御笔桥名石刻件之一。

碧澜桥匾西侧御笔

碧澜桥匾东侧御笔拓片

碧澜桥匾西侧御笔印章

复建后的碧澜桥

8. 养雀笼石刻构件

田村山南路17号总参信息化部汽车维修中心大门的石料，是20世纪70年代部队从圆明园西洋楼遗址搬运去的。2013年7月23日，部队将此构件归还给圆明园。这是原属于西洋楼养雀笼西门的构件，除去部队搬运走的这四个石礅外，养雀笼原址上还尚存四个。

养雀笼遗址上被部队搬走的原石礅的石槽

养雀笼遗址上的四个石礅

养雀笼遗址上的其中一个石礅

2013年7月23日部队归还的四个石礅

三　圆明园其他地区

1. "柳浪闻莺"石坊坊楣（乾隆御笔）

圆明园柳浪闻莺位于文源阁西北，是一处被大片稻田包围着的小景点，其西面即皇帝观稻赏荷的芰荷香。

柳浪闻莺的标志性建筑除了一座南北走向的小桥外，就是乾隆二十八年（1763）竖立的石坊。"断桥残雪"和"柳浪闻莺"两座石坊形制几乎完全一样。

咸丰十年（1860）英法联军焚毁圆明园，"断桥残雪"和"柳浪闻莺"两座石坊因为是石质，并没有被焚毁。后被宣统皇帝的叔叔爱新觉罗·载涛私自拆卸后搬到自己的花园"朗润园"内。随着时间的推移，"断桥残雪"石坊构件已经深埋入地下（2016年再次出土），"柳浪闻莺"坊楣则一直被丢弃在北京大学校园内（参见P120）。1977年，圆明园管理处将此坊楣运回圆明园，曾一度在西洋楼遗址北部的石刻展示区展出。2018年7月，此坊楣被移到绮春园天心水面圆明园流散文物石刻保护区展出。

现存绮春园天心水面圆明园流散文物石刻保护区内的"柳浪闻莺"石坊坊楣

曾经一度被摆放在圆明园西洋楼遗址内的"柳浪闻莺"石坊坊楣

"柳浪闻莺"坊楣（匾额正面）及拓片

"柳浪闻莺"坊楣（匾额背面）及拓片

释文：十景西湖名早传，御园柳浪亦称旃。栗留几啭无端听，讶似清波那边。癸未清和月御题。

"柳浪闻莺"坊楣细节

柳浪闻莺坊楣(廊额正面花纹丝1)

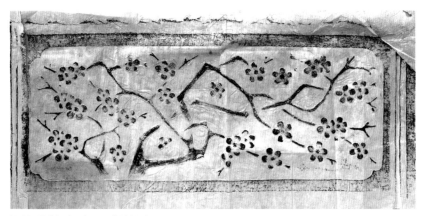

柳浪闻莺坊楣（匾额正面花纹丝2）

柳浪闻莺坊楣（匾额背面花纹）

2. 方壶胜境"涌金桥"（乾隆御笔）

　　涌金桥是位于圆明园四十景之"方壶胜境"中的一座单孔石券桥，东西两侧石刻乾隆御笔"涌金桥"三字匾。此桥通长13.76米，金门宽3.84米，石拱高2.67米。咸丰十年（1860）圆明园被英法联军烧毁时，此桥并未毁坏，后毁于自然倒塌。1998年清理"方壶胜境"遗址时，工作人员在原址上发现了此桥的乾隆御笔桥匾，这也是圆明园遗址上第一次发现乾隆御笔石刻。此石刻现于正觉寺马首回归展展出。

涌金桥石刻

圆明园四十景之"方壶胜境","涌金桥"局部

3. 披青磴（嘉庆御笔）

如园，位于长春园宫门区东侧，是一处园中园。占地1.9万平方米，建筑面积2800平方米，于乾隆三十二年（1767）基本建成。有御书匾及见之于御制诗、《活计档》《日下旧闻考》的景物有新赏室、观云榭、含芳书屋、挹泉榭、敦素堂、静虚斋、明漪楼、深宁堂、合翠轩、写镜亭、冠霞阁。

如园仿自江宁（南京）瞻园，即明代中山王徐达西花园。乾隆三十二年六月如园刚建成时，《活计档》曾以"瞻园"称之，十月，御书匾文"如园"，意为"如同瞻园"。

嘉庆十六年（1811）重修如园，并御制《重修如园记》详述各景物之方位。重修后园内主要景物名称有：延清堂、含碧楼、芝兰室、挹霞亭、静怡斋、锦縠洲、观丰榭、听泉榭、引胜斋和新赏室、翠微亭、寨芳书屋、云梦山馆、清瑶榭、撷秀亭、香林精舍、可月亭。嘉庆十七年（1812）御制《如园十景》中尚有待月台、屑珠泃、转翠桥、镜香池、披青磴、称松岩、贮云窝、平安径。

嘉庆御笔披青磴石刻拓片

释文：碧萝青藓午阴凝，沿磴寻幽缓步登。小憩方亭欣造极，披襟挹爽早秋澄。

嘉庆御笔披青磴石刻于2016年在如园延清堂遗址东侧的小径旁出土，石刻上刻有嘉庆御笔。此诗为嘉庆皇帝在嘉庆十七年（1812）为"如园十景"之一披青磴所作的诗句。此石刻现于正觉寺马首回归展展出。

嘉庆御笔披青磴石刻

4. 淳化轩碑刻

淳化阁帖石碑原镶嵌在长春园淳化轩东西回廊的前檐槛窗内。左右廊各十二间，每间嵌石帖版六页。自乾隆三十四年（1769）二月至三十七年四月全帖刻竣。帖版石幅为90厘米×33厘米，厚11厘米，以楠木镶边。帖为十卷，按照北宋《淳化阁帖》毕士安"初拓赐本"摹刻。刻成后原帖珍藏在淳化轩内，淳化轩也以此帖名轩。乾隆三十七年（1772）十一月，又拓成《钦定重刻淳化阁帖》六十套，遵旨交江南织造、两淮盐政李质颖配做的紫檀木壳面套匣盛装后，分贮宫、苑各处。圆明园共有十一处先后各贮一套，即如园、芝荷香、狮子林、同乐园、泽兰堂、含经堂、保合太和、天宇空明、安澜园、蓬岛瑶台和思永斋。1994年含经堂遗址清理河道时出土了几块淳化阁帖石碑，石碑大多已经残缺，现存正觉寺。

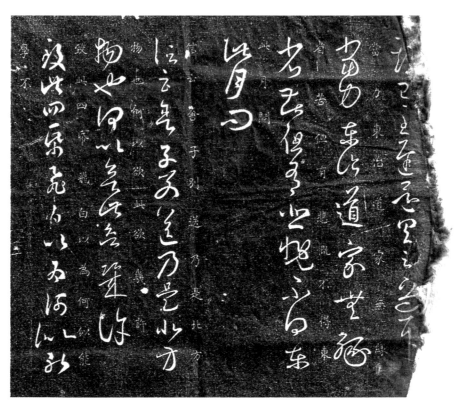

淳化阁帖拓片 1-2

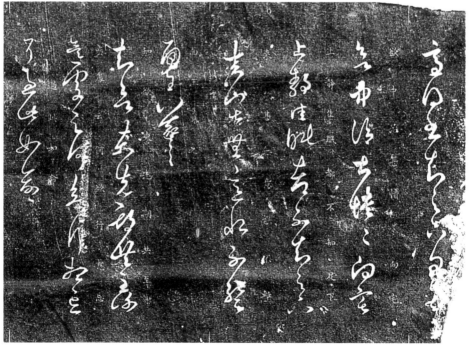

淳化阁帖拓片 3-4

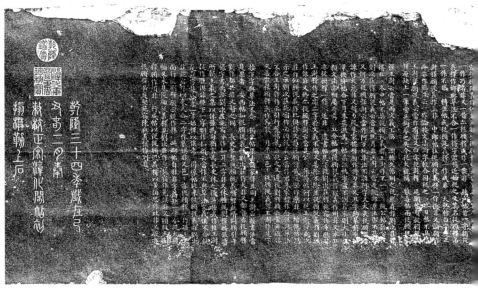

淳化阁帖拓片 5-6

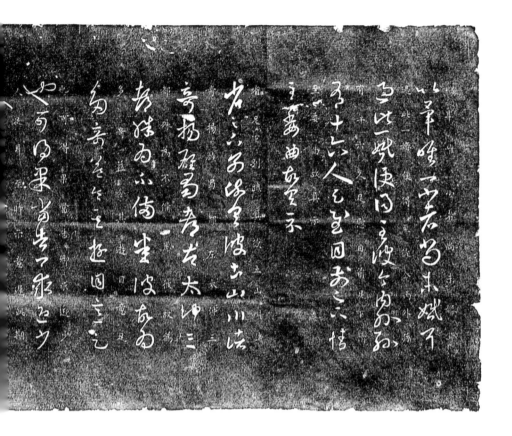

5. 藻园"翠照""绮交"石匾（乾隆御笔）

　　藻园，位于圆明园西南角，占地面积2300平方米。藻园是一处山水环绕、风景秀美的园中之园。藻园分东西两部分，东部建成于乾隆二十三年（1758），而西部诸景则建成于乾隆三十年（1765）。

　　藻园因地处圆明园西南角，离西郊清漪园（今颐和园）、静明园、静宜园最近，清朝皇帝一般比较喜欢从这里出发前往西郊诸园，因此藻园也有自己独立的大门。又因为圆明园诸景大多用水相连，皇帝经常乘船来此，所以在藻园景区建有船坞，在藻园门东还建有进水闸。昔日皇太后从畅春园乘船来圆明园，就是从进水闸直接进园的。乾隆从圆明园藻园出发去往西郊诸园一般喜欢选择骑马前往，所以在藻园门西南角还建有御马圈，专门为皇帝饲养上等御马，以便随时供皇帝使用。藻园其实更像一座连接圆明园与西郊诸园的中转站，也正因为是这样一座中转站，这里修建的景点也大多为皇帝或皇太后休息的殿宇。乾隆皇帝喜欢在休息的时候读书、写字，所以藻园内景点多书房、敞轩，如贮清书屋、夕佳书屋、湛碧轩、自远轩等。

藻园在咸丰十年（1860）被英法联军烧毁，但藻园门幸存，光绪年间，慈禧太后还经常带光绪帝经由颐和园来圆明园游玩，进出的就是藻园门。可惜的是，藻园最后还是毁于1900年战乱。

藻园屏门石额"绮交"石匾及拓片

1994年，北京市文物研究所受北京市文物局委托，对藻园遗址进行了考古发掘，在遗址上发掘出了乾隆御题"翠照""绮交"石匾。"翠照"是指"绿荫笼罩，形容树木繁多"，"绮交"则是指"行文华丽的章节交相出现，此处形容华美的景物"。类似样式的石匾在玉泉山静明园和故宫建福宫花园等处都有遗存，但在圆明园发现尚属首次，此石匾现于正觉寺马首回归展展出。

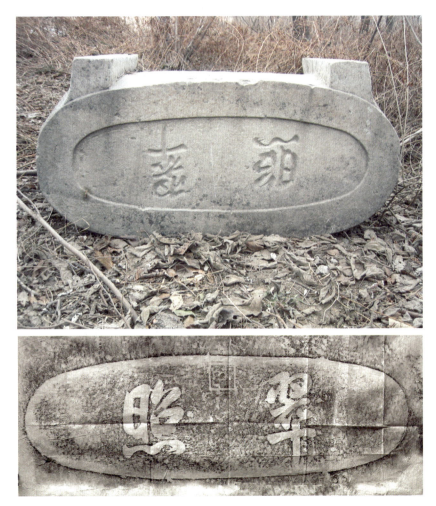

藻园屏门"翠照"石匾及拓片

6. 蓬岛瑶台"瀛海仙山"诗

　　蓬岛瑶台"瀛海仙山"诗石刻于1985年清理福海和蓬岛瑶台遗址时出土，是目前圆明园仅发现的两块道光御制诗之一。该石刻现存于正觉寺。

圆明园四十景之蓬岛瑶台

"瀛海仙山"诗石刻陈列之处

蓬岛瑶台"瀛海仙山"诗石刻及拓片

释文：仙瀛偶访步层峦，半月高台夏亦寒。入望烟岚云外赏，凌虚楼阁画中看。穿林窈窕青松磴，护岸周遭白石栏。雨霁空明澄万象，畅观只觉水天宽。

7. "熙春洞"石匾（乾隆御笔）和"称松岩"诗（嘉庆御笔）

北京东城翠花胡同"翠园"内，曾存有长春园两件刻石。一件是乾隆御笔"熙春洞"石匾，原为长春园泽兰堂翠交轩石洞额。一件是嘉庆御制"称松岩"诗石刻，称松岩为"如园十景"之一。这块诗石刻是圆明园迄今首次发现的嘉庆御笔诗文石刻。已有明显漫漶，但诗刻基本尚存。2019年4月19日回归，现存于圆明园库房。

乾隆御笔"熙春洞"石匾和嘉庆御笔"称松岩"诗刻石

泽兰堂"熙春洞"石匾拓片

2019年4月19日,两块石刻回归圆明园

乾隆御笔"熙春洞"石匾

嘉庆御制"称松岩"诗刻石

"称松岩"诗嘉庆御笔章

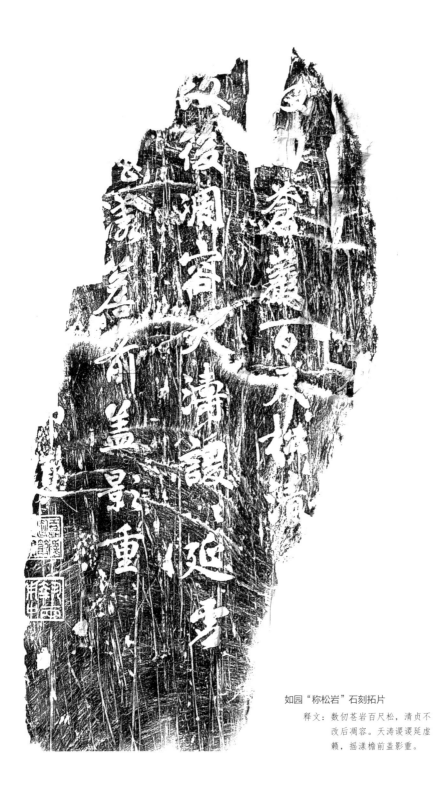

如园"称松岩"石刻拓片

释文：数仞苍岩百尺松，清贞不改后凋容。天涛谡谡延虚籁，摇漾檐前盖影重。

如园"称松岩"石刻（复制品）

回归圆明园后的"熙春洞"石匾（复制品）

翠花胡同"翠园"大门

四　圆明园内非圆明园石刻

1. 费莫氏墓地石牌坊构件及石狮

圆明园西洋楼遗址东门外原线法画区域南面有一堆石刻，这些石刻并不是圆明园的旧物，而是来自北京东郊的勒保墓。

勒保（1739—1819），费莫氏，字宜轩，满洲镶红旗人。历任兵部主事、侍郎，陕甘总督，云贵总督，湖广总督，四川总督，工部尚书，刑部尚书，两江总督，军机大臣等职，是嘉庆朝镇压白莲教起义的主要统帅之一，官至武英殿大学士。嘉庆二十四年（1819）身故，诏赠一等侯，谥文襄。

勒保墓位于朝阳区英家坟，原占地40亩。墓前有四柱三间石牌坊一座，额题"大学士威勤侯勒文襄公墓道"。牌坊顶端的火焰宝珠有三颗内芯，是目前发现的孤例，牌坊后立华表一对、驮龙碑两座，分别为嘉庆十四年（1809）勒保夫妇诰封碑和嘉庆二十四年（1819）勒保赐谥碑。宫门前设石狮一对，后有宝顶五座、大山子一座及松柏树若干。

1954年纺织研究所干校征地，勒保墓被夷平。石牌坊、华表和石碑在文物组的协调下得以保护，石牌坊、华表于1977年运至圆明园存放。两座石碑则转移到五塔寺石刻艺术博物馆。

费莫氏勒保将军墓地牌坊构件

20世纪20年代末，美国人甘博拍摄

20世纪70年代末费莫氏勒保将军墓地牌坊在原址时的旧照

圆明园东门前来自原费莫氏勒保将军墓地上的石狮子

费莫氏家族墓地石牌坊的坊楣部分

费莫氏勒保将军墓地牌坊及华表构件

费莫氏家族墓地石牌坊的华表座

费莫氏勒保将军墓地牌坊上刻有"大学士威勤侯勒文襄公墓道"

2. 管理处门口北下关娘娘庙石狮一对

北下关娘娘庙原名天仙庙,俗称"娘娘庙"。始建于明代,明嘉靖四十年(1561)、万历十九年(1591)和康熙八年(1669)等多次重修。庙坐北朝南,原有二进殿,正殿名曰"慈惠殿",面阔三间,明间出轩,绘旋子彩绘,面积86平方米。殿内原供奉木制粉彩刷金碧霞元君坐像一尊。现存圆明园老管理处门口的这对狮子,是在20世纪70年代从北下关娘娘庙山门前搬到圆明园的。

原北下关娘娘庙前的石狮(左为母狮,右为公狮)

娘娘庙正殿北面（已拆除）

原北下关娘娘庙前的石狮，现存圆明园老管理处门口

3. 绮春园大门前狮子一对

绮春园宫门前确实曾经有过一对石狮，立于嘉庆年间。美国人西德尼·戴维·甘博在1919年曾经拍摄过一张绮春园大门照片，从照片上我们可以清晰地看到，此时绮春园大门前的石狮尚存。但1922年瑞典人喜龙仁再次拍摄绮春园大门的时候，绮春园门前的石狮已经下落不明了。现在绮春园大门前的这对石狮是1988年复建绮春园大门时，从石刻博物馆交换来的。这对石狮具体来自哪里，还需进一步考证。

绮春园宫门

绮春园宫门前的狮子（左为母狮，右为公狮）

美国人西德尼·戴维·甘博1919年拍摄的绮春园大门,此时绮春园大门前的石狮尚存

瑞典人喜龙仁1922年拍摄的绮春园大门

对比三年前美国人西德尼·戴维·甘博在1919年拍摄的同角度照片,此时门前的石狮已经下落不明了。

4. 玉泉山界湖牌坊构件

颐和园玉带桥下之水最早是直通静明园（玉泉山）的，称之为玉河，是乾隆当年往返两园的水中御道。彼时乾隆常在清漪园石舫码头乘坐游舫经玉河前往静明园小东门码头。三里长的水路景色优美，一路向西先过耕织图，一片田园风光；再沿左侧到界湖楼，可登楼远眺；界湖楼西侧为两座石牌坊，中间为两孔闸桥，桥两侧为罗汉板式栏杆。桥南侧为高水湖，界湖楼就在高水湖西北侧。再西行不远就是静明园小东门码头，乾隆便可下舟乘辇了。

界湖楼建成于乾隆二十一年（1756），楼旁的牌坊也是建造于同一时期。清代的《日下旧闻考》里记载：（静明园）小东门外长堤石桥上建石坊二，迤东为界湖楼。石桥东坊额曰"湖山罨画""云霞舒卷"；西坊额曰"烟柳春佳""兰渚苹香"。桥下水北注玉河，沿河皆稻田，又北为石道迤逦至青龙桥，即达清漪园之辇道也。

界湖楼的毁坏时间已无考。但石牌坊一直保存完好，2006年，石牌坊上的石兽屡次被盗，为了更好地保护石刻，将部分石刻构件移至圆明园内保管。

现存圆明园老管理处院内的石牌坊构件1

现存圆明园老管理处院内的石牌坊构件2

20世纪20年代美国摄影师甘博拍摄的玉泉山下的石牌坊（此时的石牌坊尚保存完好）

玉泉山下牌坊（2003年）

玉泉山下牌坊（2010年）

玉泉山下牌坊（2016年）

园外拾珍

下篇

五 北京大学

1. "梅石"碑（乾隆御笔）

北京大学内的梅石碑与中山公园内的"青莲朵"石皆为长春园茜园之旧物。南宋杭州德寿宫原有一株古苔梅，傍置此石，形若芙蓉。明末，由兰瑛、孙杖合绘梅石图刻于碑（兰瑛梅石碑）。后古梅已枯，惟碑石为伴。乾隆十六年（1751），乾隆南巡至此。当看到浙江的通志里描述南宋德寿宫中的梅石碑时，乾隆决意一探究竟，于是在地方官陪同下前往。一路上自然是荒烟蔓草，断壁残垣。梅石碑、德寿宫，都已经湮没在荒草丛中。最终，结满青苔、断成两截的梅石碑还是找到了，"芙蓉石"也在它的近旁。乾隆甚惜此石，抚摩良久，并吟诗曰："临安半壁苟支撑，遗迹披寻感慨生。梅石尚能传德寿，苔华又见说兰瑛。一拳雨后犹余润，老干春来不再荣。五国内沙埋二帝，议和喜乐独何情。"又道：

北京大学"梅石"碑与青莲朵仿石局部

"傍峰不见旧梅英，石道无情迹怆情。此日荒凉德寿月，只余碑版照蓝瑛。"后由地方大吏舟运京师致贡，被置于长春园茜园里，赐名"青莲朵"。后来，乾隆因念原梅石碑已颇漫漶，于乾隆三十年（1765），重摹梅石碑一通，置于青莲朵之侧。乾隆三十二年季春，御制"重摹梅石碑置青莲朵侧"诗并序，记其始末。

咸丰十年（1860）英法联军焚毁了圆明三园，茜园也在其中，但"青莲朵"石和梅石碑并未被毁，一直放置在茜园遗址上。20世纪20年代燕京大学建校后将梅石碑移到校园内的北阁西侧。当年乾隆共刻了两块梅石碑，后刻的留在了北京；先刻的那块送还于江南故地杭州，1964年被毁。1992年，北京大学将梅石碑移到了临湖轩旁边的浓荫深处，并按照资料重建了碑顶和碑座，按照当年一碑一石的格局，在石碑旁仿照"青莲朵"重新立了一块太湖石。四年后，镌刻《梅石碑记》一文，以记录这段历经800年的传奇逸事。

北京大学"梅石"碑

"梅石"碑碑文及图案

"梅石"碑拓片

释文：春仲携带梅石碑抚经冬□始成云不宁十旦水就惟以万几余暇为孙杕梅堪作石匠石友蓝瑛石亦肖梅姿为憐漫漶明新本哽有人看漫漶时

浙江通志称南开工部分司本宋德寿宫址有梅花厅芙蓉石傍竖断碑刻蓝瑛画古梅一本此蓝瑛梅石所从耀芳鼻祖也即予辛未南巡观民之暇亦有蓝瑛梅石之咏今春再至浙省就而视之则梅乃孙杕而石实蓝瑛盖二人合作勒于碑者也于是悚然失愕尔呼曰千秋纪载之□□□不若者盖鲜矣既讹且碑版剥落漫漶几不可辨□□之重梅泐石旧者仍兹存聊识数典

乾隆乙酉小春上浣御笔。

释文：昔年德寿石，名曰青莲朵。梅枯石北来，惟余碑尚妥。德寿岂复存，久矣毁兵火。不禁兴废感，碑亦漫漶颇。因之为橅迹，驿致江之左。新碑邻旧碑，那见梅石我。重摹置石侧。为结无缘果。谁云假冰玉，犹是真蠂峨。如因忆中郎，武贲何不可。

乙酉冬，曾摹德寿宫梅石碑，驿致杭州以存旧迹。因思梅即久枯，石又北来，则新碑与旧碑不过留其名于依稀仿佛间耳，既又思梅之橘于南者虽不可复生，而石之存于北者固在也。因命重摹一通，置之石侧。青莲朵者盖壬申初到时所命名，亦并有诗纪事云。

丁亥仲春月中浣御题并识。

"梅石"碑拓片局部

2. "半月台"诗碑（乾隆御笔）

北京大学鸣鹤园今存乾隆御笔"半月台"诗碑。

乾隆御笔"半月台"诗碑现状

乾隆御笔"半月台"诗碑背阴

乾隆御笔"半月台"诗碑碑文

释文：台形规半月，白玉以为栏。即是广寒界，雅宜秋夕看。会当银魄满，不碍碧虚宽。太白镜湖句，常思欲和难。

3. "断桥残雪"石牌坊、对联及"柳浪闻莺"两侧石坊对联（乾隆御笔）

乾隆年间正好是一个社会经济文化大发展的历史时期，乾隆本人诗文画咸修，汉学造诣极高，对江南士绅文化也是大加推崇，将南巡驻跸之名园佳所逐一品题，回銮后又将中意之楼阁亭馆制成烫样呈览，亲自授意仿建工程的设计工作。所谓"仿建工程"即"摹仿他处，异地建造的工程"，其实并不是完全照搬，有的属于参考，有的则只是按照意境修建，有的甚至和原景区差距很大，只是名字雷同或样子接近而已。

断桥残雪位于圆明园西北部，汇芳书院以东。是一座东西向平桥，西面与问津亭相邻，乾隆二十八年（1763）在桥东竖立一座石牌坊，坊楣额曰"断桥残雪"。 坊阴镌刻"断桥残雪"御制诗："在昔桥头密雪铺，举头见额忆西湖。春巡几度曾来往，乃识西湖此不殊。"

咸丰十年（1860）英法联军焚毁圆明园，"断桥残雪"和"柳浪闻莺"两座石坊因为是石质，并没有被焚毁。后被宣统皇帝的叔叔爱新觉罗·载

现立于北京大学朗润园内的"断桥残雪"石坊

涛私自拆卸后搬到自己的花园"朗润园"内,一起被搬运走的还有西洋楼观水法石屏风和部分构件。朗润园荒废后,两座牌坊和石屏风等构件就被废弃在"朗润园"内水池中。1977年,观水法石屏风和"柳浪闻莺"坊楣被圆明园管理处从北京大学内搬回圆明园遗址归位。2012年美国斯坦福大学捐资建设朗润园160号(斯坦福中心)施工过程中,"断桥残雪"石坊和"柳浪闻莺"两侧石坊柱出土,现已被北京大学分别立在朗润园和镜春园内。

乾隆御笔"断桥残雪"

现立于北京大学朗润园内的"断桥残雪"石坊(背面)

"断桥残雪"背面刻有乾隆御书

释文:在昔桥头密雪铺,举头见额忆西湖。春巡几度曾来往,乃识西湖此不殊。
癸未孟冬月。御题。

"断桥残雪"石坊正面对联

释文:杨柳似含烟幂靂,楼台仍积玉嵯峨。

"断桥残雪"石坊背面对联

释文:连村画景张横幅,着树梅花发野桥。

"柳浪闻莺"石坊上的乾隆御笔对联

释文：能言春鸟呼名字，罨画云林自往迴。

"柳浪闻莺"石坊上的乾隆御笔对联

释文：几缕画情遮过客，一行烟意口新题。

载涛

北京大学内的"柳浪闻莺"石坊

现存圆明园的"柳浪闻莺"牌坊门楣

六 中山公园

1. 坐石临流"兰亭八柱"及"兰亭"碑（乾隆御笔）

兰亭八柱及兰亭碑皆为圆明园"坐石临流"亭之旧物，今为中山公园内"景自天成"亭重要组成部分。

坐石临流亭，位于同乐园西北，建成于雍正五年（1727）前，仿自绍兴古兰亭意境，时称流杯亭。于仄涧中，奇石峭列，激波分注，作亭据胜处。亭为重檐三开间，乾隆命名为"坐石临流"。

乾隆四十四年（1779）春，乾隆收集到历代书法名家《兰亭帖》墨迹六帧。分别为唐虞世南、褚遂良、冯承素摹《兰亭序》，唐柳公权书《兰亭诗》并后序，明董其昌临柳公权《兰亭诗》，戏鸿堂刻柳公权《兰亭诗》原本，再加上大学士于敏中补戏鸿堂刻柳公权兰亭诗阙笔，及乾隆御临董其昌仿柳公权兰亭诗，合为"兰亭八柱册"。乾隆为了"一永其传"，即将坐石临流亭改建成八方重檐亭，并易以石柱，每柱刻帖一册，此即著名的圆明园"兰亭八柱"。

坐石临流亭中有一石屏（兰亭碑），屏由屏身、屏座两石组成，屏高六尺，阔五尺，厚一尺；下须弥座高约一尺半。屏的正面镂刻有王羲之等文人雅士《兰亭修禊》图，图的上方还刻有乾隆于己亥年（乾隆四十四年，1779）暮春题写的兰亭八柱册并序的全文。碑阴刻乾隆御笔诗四首（九年"坐石临流"诗，四十四年、四十七年、五十年"题兰亭八柱册"）。

圆明园被毁后，兰亭八柱于宣统二年（1910）被移到颐和园，后置于耶律楚材祠中。1915年，江朝宗致函溥仪内务府，请求拉运圆明园兰亭碑及山石，以供社稷坛开拓公园之用。其后，兰亭碑及八根石柱，分别于1917年前和1941年之后运至中山公园，1917年建成碑亭一座。亭面阔五间，进深三间，建筑面积102.24平方米。1970年此亭被拆除。1971年重建时将"社左门"存放30年的八根石柱清理出来，在唐花坞西侧新建成今天的重檐八角亭，额曰"景自天成"。兰亭碑亦置于亭中。如今，兰亭碑仍完整，字迹清晰；八根石柱之兰亭帖，多有风化，半数帖尚好,仍可辨读。

"兰亭八柱"八卷按八卦之名"乾、坎、艮、震、巽、离、坤、兑"为序,刻在该八根石柱上。第一柱刻唐初书法家虞世南的临摹;第二柱刻褚遂良的临摹;第三柱刻冯承素的临摹;第四柱刻唐著名文学家柳宗元的《兰亭诗》真迹;第五柱刻唐著名书法家柳公权所写的《兰亭诗》原本;第六柱刻清乾隆进士于敏中补修柳公权所写的兰亭阙笔;第七柱刻有明书画家董其昌仿柳公权所写的《兰亭诗》;第八柱刻乾隆临摹董其昌仿柳公权所写的《兰亭诗》。 八帖帖首有乾隆撰写题记,帖后附刻历代名人题跋。因以墨迹钩摹上石,刻工精良,使笔意墨趣神采毕现。每册前后有"乾隆御览之宝"印章,现藏于故宫博物院。

兰亭碑另刻有甲子年(乾隆九年)、己亥年、壬寅年(乾隆四十七年)、乙巳年(乾隆五十年)所作的御制诗和诗注。对此,乾隆在其中一首诗中将此亭曲水流觞的景观,引申到东晋永和年间王羲之在绍兴古兰亭每年上巳日(三月初三)的雅事,以此说明该亭的园林渊源。

中山公园1971年修建的兰亭

"兰亭八柱"内"兰亭碑"正面刻《兰亭修禊》图,背面刻乾隆御笔四首诗

"兰亭"碑正面（王羲之等人兰亭修禊图拓片）

释文：自永和之修禊，觞咏初传。迨贞观之搜珍，钩摹迭出。惟定武驰声籍甚，而阙文聚讼纷如。浸至翻刻失真，亦复操觚求似。顾善本之难觏，赝鼎无虑百千；且好手之罕逢，名迹或存什一。紧谏议写其篇帙，波折又新；泊香光傲彼笔踪，抒机独运。余既使旧卷之离而重合，因从几暇再临寻复，惜原本之剥而不完，诏付文臣遍补于是四册并教刻鹄然而一编不外戏鸿，继搜柳迹于石渠，兼集唐模于壁府，仍琬琰之咸列，俾甲乙以分函，允为艺苑联珠。题曰兰亭八柱。若承天之八山峻峙，极和布而为埏；譬画卦之八体流形，奇偶比而依次分咏。已举其要汇吟更栝其全。

赚来自萧翼，举出本元龄；真已堂堂佚，拓犹字字馨。谁知联后壁，原赖先前型（柳公权书兰亭诗，惟於《戏鸿堂帖》见之。初不知其墨迹已入内府。近阅《石渠宝笈》书始知其卷久列"名书上等"。《石渠宝笈》乃张照等所校定，而其昌所临柳卷，即藏照家，且戏鸿堂刻本亦照所深爱。乃柳卷无其昌题识及卷后，黄伯思诸跋未经刻入，皆其中之可疑者。照曾未一语及之，亦不免疏漏矣）。恰尔排八柱，居然承一亭；擎天徒曹语，特地示真形。摹固得骨髓（谓褚、虞、冯），书犹辟迳庭（谓柳见其昌临帖自识语）。董临传聚散（董其昌临公权卷，初藏张照家，本属全卷，后以四言诗并后序及五言诗析而为二。盖照身后，为人窃取也。及二卷先后入内府，经比较，知其故）。复令联徼成卷，俾为完璧。名迹流传，离而复合，或默有呵护之者耶！于补惜澜零（戏鸿堂所刻柳诗漫漶阙笔者多，去岁特命于敏中就边傍补之），殿以几余笔，艺林嘉话听。

乾隆己亥暮春之初御笔。

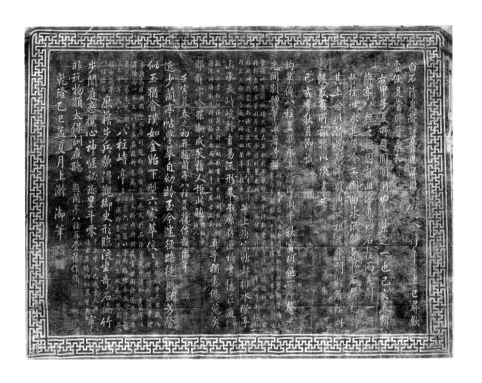

"兰亭"碑背面刻乾隆御笔四首拓片

释文：白石清泉带碧萝，曲流贴贴泛金荷；年年上巳寻欢处，便是当时晋永和。

右甲子夏所题《圆明园四十景》之一也。己亥春春辑兰亭八柱之册，因就此亭易以石柱，而各刻一册于柱，以永其传。令工图曲水流觞景于石屏，题诗其上。念此诗为斯亭数典之祖，并命刻于屏阴。此后或有所咏，将以次书之。己亥季秋月，御识。

钩摹传八柱，盖欲永其龄。即此千秋宝，因他一序馨。香光开别体，笔谏著芳型（向因董其昌戏鸿堂，刻有柳公权书兰亭诗本，字句多阙，因命于敏中补成全字本，初阅《戏鸿堂帖》时，意谓柳迹久无存矣。嗣于《石渠宝笈》中得柳书兰亭诗墨迹，复得董其昌临柳卷，乃并董刻原本及余所临董卷，钩摹泐石。然究非永和九年原序。则复检内府所藏虞世南、褚遂良、冯承素摹本兰亭，因并为钩刻，合成八册，名曰"兰亭八柱"云）。等上唐家帖，都排水际亭。山承天峙峻，卦画易流形。摹本原存匣，补书忆在庭（命于敏中补书柳公权兰亭诗帖片缺画者，有镌刻戏鸿惜漫漶补填卧虎付丝纶之句。而今敏中又为古人矣）。真乎犹虑伪，菀矣那辞零。吟罢翻成笑，诸人讵此听（谓帖中诸人）！壬寅暮春之初，再题兰亭八柱，叠旧作韵。御笔。

逸少兰亭帖，学摹自幼龄。至今迷径路，徒尔叹芳馨。似玉犹含璞，如金始下型。六家萃佼佼（是帖，以董其昌戏鸿堂所刻柳公权书兰亭诗为权舆，因命照原刻双钩廓填为一本；又于《石渠宝笈》中得柳书兰亭诗真迹，为一本；又得董其昌临柳卷，为一本；又检内府所藏虞世南、褚遂良、冯承素三家摹本兰亭，凡三本；荟萃为六家），八柱峙亭亭（以前六家益以余所临柳本及命于敏中补书漫漶之新本，共成八卷。刻石题曰"兰亭八柱帖"云）。庶藉步兵貌，得观御史形。临流坐奇石，抚竹步闲庭。历揽心神惬，秘珍星斗零（于敏中又已成古人，与诸家真迹，均似晨星矣）。宁非玩物类，太保训应听。题兰亭八柱，再叠旧作韵。

乾隆乙巳孟夏月上浣御笔。

坐石临流兰亭八柱帖第七册（董其昌仿柳公权书兰亭诗）局部

2. 别有洞天时赏斋"青云片"石
（乾隆御笔）

青云片石原放置于秀清村（别有洞天）河北岸西端时赏斋前，现存中山公园南门内"来今雨轩"正南。

青云片石与万寿山的青芝岫石系姊妹石，同为明代米万钟从大房山采得之奇石，"欲置勺园力未就"，弃之良乡。乾隆年间，先运其大者至清漪园（今颐和园）乐寿堂，名曰"青芝岫"；后运此石至圆明园，赐名"青云片"。二石合称"大青小青"，大青以"突兀"著称，小青则以玲珑通透见长。

青云片石，有御笔题名，并刻乾隆题诗七首，即丙戌（三十一年）"青云片歌""时赏斋作歌""新月"诗，丁亥（三十二年）"题时赏斋""再题青云片""时赏斋"诗，庚寅（三十五年）"时赏斋"诗。

园毁后，青云片石于1925年春天被运往中山公园。该石长4.4米、宽约2米、高约3米，底盘为椭圆形须弥座，高0.7米，总重量约20吨。是将3辆

丙戌（乾隆三十一年）"青云片歌"石刻

料车摞在一起,用32头骡子,加上30多个壮小伙子,拉了7昼夜才运到城里的。

如今,青云片石及底座均完好无损,御题诗中,第三首、第七首字迹仍清楚完整,第二首似为"文革"中被锉毁,其余四首均有程度不同的风化,但尚可辨其大略。

乾隆御笔"青云片"石刻及拓片

丙戌（乾隆三十一年）"青云片歌"拓片

释文：万钟大石青芝岫，欲致勺园力未就。已达广阳却弗前，土墙缭之葭屋覆。
适百里半九十里，不然奇物靳经售。向曾辇运万寿山，别遗一峰此其副。
云龙乞求经所云，可使一卷独孤留。伯氏吹埙仲氏篪，彼以雄称此通透。
移来更觉易于前，一例为屏列园囿。泐题三字青云片，兼作长歌识所由。
有时为根礙蘖生，有时为峰芳润潄。虚处入风籁吹声，窍中过雨瀑垂溜。
大青小青近相望，突兀玲珑欣邂逅。造物何处不钟灵，岂必莫厘乃称秀。
事半功倍萃佳赏，宣和之纲诚大谬。
乾隆丙戌季夏下浣御题。

丙戌（乾隆三十一年）"时赏斋作歌"已被破坏，辨认不清

丙戌（乾隆三十一年）"新月"诗及拓片

释文：西宇初生一捻纤，高梧踈影掠堂檐。人间天上秋管领，分付中涓索轴簾。
新月一首。
丙戌新秋上浣御笔。

丁亥（乾隆三十二年）"时赏斋"诗及拓片

释文：烟片雨丝卒未已，濯枝润叶总纾怀。不因膏泽良田足，那识今朝时赏佳。
时赏斋作。
丁亥仲夏月上浣御笔。

丁亥（乾隆三十二年）"再题青云片"诗

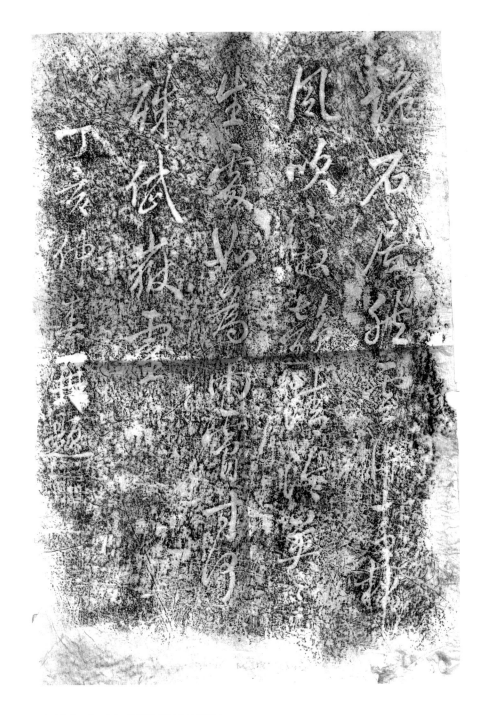

丁亥（乾隆三十二年）"再题青云片"诗及拓片

释文：诡石居然云片青，松风吹窍韵清泠。英英生处如为雨，肤寸何殊岱岳灵。
丁亥仲春再题。

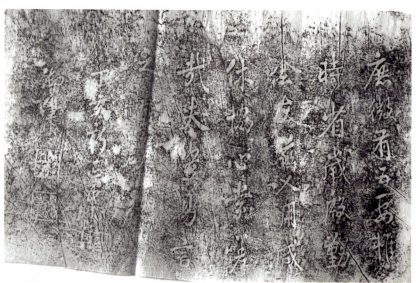

丁亥（乾隆三十二年）别有洞天题"时赏斋"诗及拓片

释文：庶徵有五要惟时，省岁殷勤念在兹。又用咸休协心赏，嗟哉夫岂易言之。
丁亥新正中浣御笔。

庚寅（乾隆三十五年）"时赏斋"诗及拓片

释文：一气贞元运，四时景物繁。载阳方煦照，初旭正温暾。
固曰赏随遇，亦思治有源。助萌贻汉诏，絜矩勉心存。
题时赏斋一律。
庚寅仲春中浣御笔。

青云片现状

3. 含经堂 "寨芝"石（乾隆御笔）

含经堂"寨芝"石位于中山公园宰牲亭西侧。"寨芝"石形若灵芝，高约180厘米、宽120厘米、厚50厘米，配有体量较大的长方形须弥座，座高100厘米。"寨芝"石与中山公园四宜轩东侧"绘月"石是一对姊妹石。两石皆为长春园含经堂旧物。

1912年姚华《圆明园游记·游圆明园遇雨》曰："绘月、寨芝二石，耸峙旧殿阶上，甚奇古。"姚华在二石下拾得断碑一块，归后拟琢为砚。据查考，姚氏所得"断碑"，实即《乾隆重刻淳化阁帖》第十卷张旭"终年"帖之残版。故知，二石皆为长春园含经堂之旧物。据中山公园史料记载，在1914年该园开创后不久，改建宰牲亭为商业用房时，"寨芝"石即移置亭前。

"寨芝"石

"蹇芝"石

乾隆御笔"蹇芝"石及拓片

4. 含经堂"绘月"石(乾隆御笔)

　　此石位于中山公园四宜轩东侧。"绘月"石高约2米、宽1.4米、厚0.5米。配有体量较大的长方形须弥座,座高1米。与宰牲亭西侧"寨芝"石是一对姊妹石。两石皆为长春园含经堂旧物。
　　据中山公园史料记载,1919年改建四宜轩时,轩前添置湖石"绘月"。

"绘月"石1

"绘月"石2

被罩上玻璃的"绘月"石

乾隆御笔"绘月"石及拓片

七　国家图书馆

1. "望瀛洲"昆仑石（乾隆御笔）

原位于福海西泊岸望瀛洲方亭之侧，现存于北海西岸国家图书馆分馆院内。此碑为汉白玉质，宽1米、厚0.65米、通高2.6米。碑之两面各刻乾隆御题《望瀛洲》诗一首。一为癸酉（乾隆十八年，1753）长夏《望瀛洲亭子》诗，一为甲申（乾隆二十九年，1764）季夏《望瀛洲亭子戏成三绝句》。

此昆仑石1926年尚在原址，1931年北平图书馆在北海御马圈建成新馆，该碑运至此处。如今，此碑尚完整，但字迹风化较明显，御诗已不可全读。

现存国家图书馆分馆院内的"望瀛洲"昆仑石正面、背面

《望瀛洲亭子》诗

释文：骤雨进河源，碧天爽气来。落景照东宇，赤城□崔嵬。
非烟亦非云，如楼复如台。虹桥若可蹑，伫羡相追陪。
亭子琳池西，望瀛名久哉。今朝乃领要，俨然见蓬莱。
可望不可即，劳者非仙才。
乾隆癸酉□夏御题。

望瀛洲亭子戏成三绝句

释文：湖心拘舍规三岛，湖岸开亭号望瀛。标榜莫猜出想像，便真壶峤也虚名。早觉真痴鄙汉帝，那更幻乐羡唐臣。可知名利场中客，不是神仙队里囗。东海金波一缕丝，须史玉镜大千披。仙家日月迅如此，望彼瀛洲亦底为。甲申仲夏中浣御题。

尚在圆明园福海西泊岸原址上的"望瀛洲"昆仑石

2.《文源阁记》碑（乾隆御笔）

此碑原在圆明园文源阁东侧，碑文为乾隆甲午（三十九年，1774）孟冬御笔《文源阁记》，汉满文对照。现存北海西岸国家图书馆分馆院里。（参见P20）

据陈文波《圆明园残毁考》（1926）记载，此碑当时仍矗立于"阁东亭"，石刻之文字尚存其半。1931年在中山公园举办圆明园遗物展览时，此碑犹列展览之目。其后它一直放在北京图书馆分馆院内大门东侧，1990年前后始移于新辟花园之中。

该碑通高5.5米左右，碑身宽1.38米，厚0.58米。碑之字迹尚清楚，但有多处块状剥落修补痕迹，碑文已不可全读。

20世纪20年代,还在原址上的《文源阁记》碑

陈文波1926年前后在圆明园遗址上拍摄的《文源阁记》碑

《文源阁记》碑

《文源阁记》碑局部

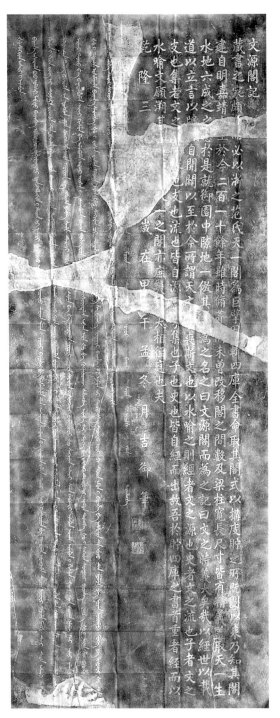

《文源阁记》碑文拓片

释文：藏书之家颇□□必以浙之范氏天一阁为巨擘□辑四库全书命取其阁式以构庋贮之所既图以来乃知其阁建自明嘉靖□□于今二百一十余年虽时修葺而未曾改移阁之间数及梁柱宽长尺寸皆有精义盖取天一生水地六成之意于是就御园中隙地一仿其□为之名之曰文源阁而为之记曰文之时义大矣哉以经世以载道以立言以牖□自开辟以至于今所谓天之□丧斯文也以水喻之则经者文之源也史者文之流也子者文之支也集者文之□□也支也流也皆自源□□集也子也史也皆自经而出故吾贮四库之书首重者经而以水喻文愿溯其□□□一之阁亦庶几□大相径庭也夫。

乾隆三……岁在甲午孟冬月吉御笔。

文源阁姊妹建筑：避暑山庄文津阁及碑亭

文源阁复原图

3. "训守冠服国语骑射"碑（乾隆御笔）

"训守冠服国语骑射"碑原位于圆明园"山高水长"，立于乾隆十七年（1752），碑文为满汉双语。大概意思是为了大清朝江山的巩固，八旗子弟要勤于习武、骑射，以确保国家安全，俗称"下马必亡碑"。乾隆分别在紫禁城箭亭、御园引见楼（圆明园山高水长）及侍卫教场（北海）、八旗教场（紫光阁）各立有一块。20世纪30年代初，此碑被国立北平图书馆从圆明园遗址上移到现址。1931年6月25日，北平图书馆建馆后，在该碑无字背阴处刻上《国立北平图书馆记》。碑文由蔡元培撰，钱玄同手书。从此将此碑的背面作为正面，而刻有"训守冠服国语骑射"的一面则成了背面。

国立北平图书馆记

国立北平图书馆者，教育部原有之国立北平图书馆与中华教育文化基金董事会自办之北平北海图书馆合组而成者也。旧隶教育部之国立北平图书馆，初名京师图书馆，成立于民国纪元前二年，馆址就什刹海广化寺充之。民国二年，设分馆于宣武门外前青厂。未几，本馆停办，移贮图书于教育部。四年，部议以方家胡同前国子监南学房舍为馆址，筹备改组。六年一月开馆。十七年七月，更名曰国立北平图书馆。十八年一月，迁馆址于中海居仁堂，中藏有文津阁《四库全书》一部，唐人写经八千六百五十一卷，又有普通书十四万八千余册，善本书二万二千余册，明清舆图数百轴及金石墨本数千通，均希世之珍也。顾以馆址无定，灾损堪虞，民国十四年，中华教育文化基金董事会成立，即有与教育部合组国立京师图书馆之议，而牵于政局，未能实现。董事会遂独立购置御马圈地，绘图设计，筹建新馆，同时在北海赁屋，组织北京图书馆，于十五年三月成立，迁都后更名曰北平北海图书馆。三年以来，规模略具，其购置中文书籍八万余册，西文书籍三万五千余册，分类编目与各种书籍杂志索引之纂辑，均次第举行，出版事业亦已开始。此两馆未合并以前之略史也。新馆之建筑工程，实始于十八年三月，是年六月，董事会举行第五届年会，教育部重提两馆合组之议，经董事会通过，仍用国立北平图书馆之名，而权以第一馆、第二馆别之。今兹新厦告成，乃合两者之所藏而萃于一馆焉。为新馆之建筑，采用欧美最新材料与结构，书库可容书五十万册，阅览室可容二百余人，而形式则仿吾国宫殿之旧，与北海之环境尤称。自兹以往，集两馆弘富之搜罗，鉴各国悠久之经验，逐渐进行，积久弥光，则可以便利学术研究而贡献于文化前途者，庸有既乎。爰志缘起，用勖将来。

中华民国二十年六月二十五日
蔡元培撰 钱玄同书

山高水长校场碑阴文

乾隆四十三年五月二十八日奉上谕：

朕恭阅太宗文皇帝实录，天聪四年二月，上谕群臣曰：昨攻取永平城，大臣阿山叶臣与猛士廿四人冒火奋力登城，乃我国第一等骁勇人也。其廿四人蒙上天眷佑，幸俱无恙。次日召伊等进见，朕心怆然，几不能忍。此等猛士与巴图鲁、萨木哈图及他处先登骁勇出众之人，前已有旨，后遇攻城，勿令再登。及攻昌黎县，萨木哈图又复与焉。以后此等捐躯建功之人，勿得再令攻城，但当在诸贝勒、固山额真左右，遇众对敌之时与之同进。若彼欲自攻城，亦当止之。即或厮卒中有二一次率先登城立功者，亦不可再令攻城，以示朕爱惜材勇之意。

仰见我祖宗开创艰难，于战胜攻取时仁恩恤下，无微不至。是以人思感励，敌忾效忠，所向克捷。开疆定业，肇造鸿图，贻谋垂裕之道实在于是。朕临御以来，平定准部回部及荡平两金川，我旗营劲旅中鼓勇先登攻坚拔栅者固不乏人。印绿营中亦间有出众奋勉者，一经将军等具奏，印赏以巴图鲁号，用示奖励。而伊等倍加感奋，凡遇攻夺碉寨，仍复超众争先，以圆报效。其间屡建功绩者固多，而因冒险伤陨者亦复不少。朕每为矜，悯然于怀。兹紬绎祖训，骁勇立功之人毋令再登，益敬服大圣人之用心，非孙臣所能见及也。今武功告函夏谧宁，继此不愿复有用兵之事。但兵可百年不用，不可一日不备。而谟训昭垂法良意美亦不可一日或忘。用是敬录圣谕，明白宣示我君臣，当其恪守以垂久远。且使我世世子孙懋继前规，勉思善述，以巩亿万载丕丕基。其钦承毋忽！

"训守冠服国语骑射"碑

"训守冠服国语骑射"碑碑文

八 中国园林博物馆

茜园"青莲朵"石（乾隆御笔）

"青莲朵"石与石畔之梅石碑皆长春园茜园之旧物。石高、宽均1.5米左右，长2.3米；下为荷叶状石须弥座，高约0.7米。"青莲朵"石上刻有乾隆十七年（1752）御笔"青莲朵"诗，及汪由敦、梁诗正赋诗各一首。

此太湖石，即杭州南宋德寿宫故址上之芙蓉石，至今已800余年历史。德寿宫原有一株古苔梅，傍置此石，形若芙蓉。明末，由兰瑛、孙杕合绘梅石图刻于碑（兰瑛梅石碑）。后古梅已枯，惟碑石为伴。（参见P114）

咸丰十年（1860）英法联军焚毁了圆明三园，茜园也在其中，但"青莲朵"石和梅石碑并未被毁，一直放置在茜园遗址上。20世纪20年代，段祺瑞政府的官员朱启钤先生在清理圆明园场地的时候，发现梅石碑、芙蓉石还在，于1927年将"青莲朵"石由圆明园移到中山公园社稷坛西门外。而梅石碑则被移至当时的燕京大学。2013年5月12日，"青莲朵"被移至中国园林博物馆保存。

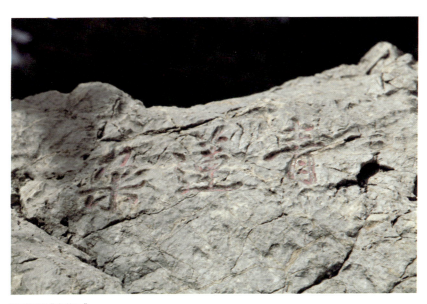

乾隆御笔"青莲朵"

中山公园时期的"青莲朵"石

已经搬进中国园林博物馆内的"青莲朵"石

茜园八景画——青莲朵

九　颐和园

《水木明瑟诗》等四块太湖石（乾隆御笔）

颐和园东门内仁寿殿前，今矗有四块大型湖石，高3.5至4.5米，皆为圆明园旧物。

位于仁寿殿前西南角的湖石，刻有乾隆甲子（九年，1744）夏日御笔调寄秋风清词一首。可知此石当为水木明瑟之旧物。其余三块湖石，分别为文源阁前门两块、兰亭八柱一块。根据《颐和园志》记载，1937年5月31日，将圆明园遗址上的四块太湖石连同二宫门外狻猊一尊运至颐和园，安置于仁寿殿前。

圆明园四块太湖石及铜麒麟没移到仁寿殿广场前的照片

颐和园仁寿殿与圆明园太湖石

仁寿殿广场圆明园《水木明瑟诗》石刻（西南）

仁寿殿广场圆明园太湖石（西北）

仁寿殿广场圆明园太湖石(东北)

仁寿殿广场圆明园太湖石(西北)

《水木明瑟诗》石刻御制诗

《水木明瑟诗》石刻拓片

释文：林瑟瑟，水泠泠。溪风群籁动，山鸟一声鸣。斯时斯景谁图得，非色非空吟不成。
甲子夏日御题。

十　西交民巷宅院

西交民巷宅院原为一整体，坐北朝南，西边为花园，东边为住宅，占地面积3286平方米。而现在则是两部分，老宅院的大门在西交民巷西口的87号，占地面积720平方米；而花园部分的大门则在北新华街112号，占地面积2565平方米。此宅据说原为李连英姐姐的宅院。1913年被双合盛老板郝升堂购得，并从圆明园运去了许多太湖石、汉白玉石雕栏板、石笋、石刻匾额、石雕花盘等建园的材料，建成了一座仿苏州式的花园宅院。1961年该宅院由化工部使用，1980年北京市政府将该宅院定为文物保护单位。

　　历史上这座宅院小巧玲珑，意境颇佳，景色优美。占地面积虽不大，但别具匠心，有山、水、树木花草、鱼虫、亭、廊。花园的西南为一座山石堆叠的假山，假山上安置高矮不一的十根石笋，挺秀俊雅，实属假山石上品。假山有三个山洞，山前有两座喷水鱼池。三个石洞上方和喷水池边有五块石刻匾额，分别为普香界、护松扉及排青幌、屏岩、翠潋，以及一件诗石刻。

1."普香界"（乾隆御笔）

　　原为长春园法慧寺西城关刻石。该刻石为汉白玉石质，在该院中山洞上端。

"普香界"（乾隆御笔）

"普香界"石匾乾隆印章（乾隆御笔）

2."护松扉"及"排青幌"（嘉庆御笔）

原为绮春园含辉楼南城关之南北石匾。"护松扉"石刻宽125厘米，高53.5厘米，厚17厘米，在该院南山洞上端。"排青幌"宽125厘米，高54厘米，在该院喷水池后之山壁。两石匾均为汉白玉石质。

"护松扉"（嘉庆御笔）

"排青幌"（嘉庆御笔）

3. "屏岩"（乾隆御笔）

原为圆明园杏花春馆东北城关刻石，在该院北山洞上端。

"屏岩"石刻（乾隆御笔）

乾隆御笔"屏岩"所在位置

4. "翠潋"（嘉庆御笔）

汉白玉石质，原是绮春园湛清轩北部水关刻石。假山前两个喷水池塘，池底部为石满底，池中央有一喷泉。池塘内旧时养有金鱼等。因盖房池已填埋。据当地居民讲，该池塘里还埋了两只石雕怪兽。

嘉庆御笔"翠潋"（2003年）

嘉庆御笔"翠潋"，因为假山年久失修，面临倒塌，已经被封闭（2008年）

"翠潋"与乾隆御笔"普香界"

5.《题狮子林十六景用辛丑诗韵》之"云林石室"诗、"右画舫"（乾隆御笔）

　　宅院内有十一堂石雕汉白玉栏板、六个圆形石雕花盘、两对石狮。石雕汉白玉栏板应为圆明园之旧物。六个圆形石雕花盘有四个花纹为龙和水纹，雕工精美，保存基本完好。另外两个石花盘上面雕刻有人物故事，但已有一定程度的风化漫浸。两对石狮，一对为北制雄雌石狮，雄武壮健；另一对为南制石狮，秀美可爱，口中含有石球可以滚动，雕工精细，且脚下都有一小石狮，疑为一对雌狮。

　　至今，在内院门的一块太湖石上还留有御诗三首。

俯瞰整个西交民巷 87 号院

乾隆四十八年（癸卯新正，1783）《题狮子林十六景用辛丑诗韵》之"云林石室"诗

释文：云为林复石为室，谁合居之适彼闲。却我万机无暑暇，兴心那可静耽山。
癸卯新正御题。

乾隆四十八年《题狮子林十六景用辛丑诗韵》和乾隆五十一年（1787）题"右画舫"

释文：湖石丛中筑精室，偶来憩坐可观书。云林仍是伊人字，数典依然欲溯初。

嘉庆元年狮子林十六景诗之"右画舫"（乾隆御题）

释文：云那为林石非室，幽人假藉正无妨。笑予劳者奚堪拟，一再安名盘与阖。

由此可见，此太湖石均取自圆明三园之一的长春园狮子林景区。圆明园三园中乾隆在嘉庆朝题写的御笔诗句现存很少，这也是目前发现的仅有的一处乾隆题写于嘉庆朝的圆明三园御笔，历史和研究价值极高。

2009年，西交民巷87号院内部分石刻回归圆明园。

西交民巷87号院东院内的假山，均来自长春园狮子林，假山上有乾隆御笔

西交民巷87号院大门

十一　达园宾馆

1."前湖"昆仑石（乾隆御笔）

"前湖"碑碑石原在圆明园大宫门外之前湖西岸，今存达园南湖西南亭内。字迹至今仍十分清晰。

圆明园宫门外，有一东南走向辇道，乾隆二十八年（1763）前后，辇道两旁相继疏浚成湖，亦曰"前湖"。因形似扇面，俗称扇面湖、扇子湖。同年御制"前湖"诗，记其原委，并镂刻于碑。

此昆仑石，原位于西扇面湖西岸。圆明园毁后，军阀王怀庆在扇面湖东部及其北岸慧福寺、善缘庵一带，修建了一处私人花园——达园，于民国八年（1919）秋后动工，历时三年多建成。该前湖诗碑即东移至达园门内。

乾隆"前湖"诗碑旧照

2003年，还位于达园宾馆入口处的"前湖"碑石

今达园院内"前湖"碑石

达园院内"前湖"碑石近景

2003年的"前湖"碑文

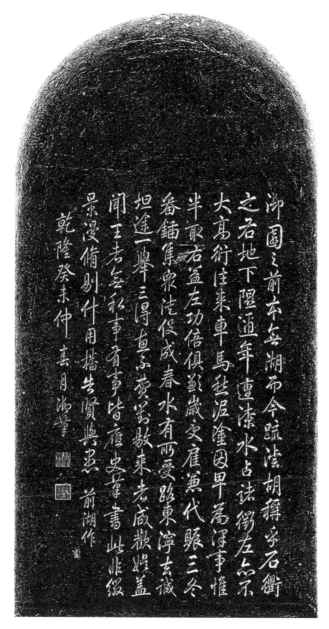

达园院内"前湖"碑石拓片

释文：御园之前本无湖，而今疏浚胡称乎。石衢之右地下隰，近年遭潦水占诸。
衢左亦不大高衍，往来车马愁泥涂。因卑为泽事惟半，取右益左功倍俱。
歉岁受雇兼代赈，三冬畚锸集众徒。役成春水有所受，路东泞去诚坦途。
一举三得惠不费，对扬来者咸欢娱。盖闻王者无私事，有事皆应史笔书。
此非缀景漫修剔，什用播告贤与愚。
前湖作。乾隆癸未仲春月御笔。

2. "月台"（乾隆御笔）

达园宾馆内有一片太湖石，根据太湖石上发现的两首"月台"乾隆御制诗辨认，这些太湖石应该是来自圆明园文源阁。

"月台"

"月台"拓片

释文:缀景月台效米为,几曾攀陟屡登之。若论三五烟花夕,恐彼颠翁未肯斯。月台□首。
□□新正御题。

月台（二）石刻及拓片

释文：小筑平台口嶂间，每延壁满与钩弯。
　　　西楼灯火厌繁盛，未及冰光清且闲。
　　　戊申新正御笔。

十二　崇文门地区四合院内

"披云径"石碑（乾隆御笔）

在北京崇文门地区某四合院内还有一块乾隆御制诗碑，正面刻有御笔"披云径"，背阴刻有乾隆御制诗《披云径》。

根据《乾隆御制诗》二集，卷五十七记载，这首诗是吟圆明园廓然大公八景中"披云径"的一首。乾隆曾经在乾隆十九年（1754）起开始对圆明园廓然大公北部地区进行扩建改造，乾隆二十年基本完工，并御制"廓然大公八景"，此石碑刻有"乾隆乙亥夏御题"。"乙亥"年就是乾隆二十年（1755），和历史记载完全吻合。由此可以考证，此石碑应该是从圆明园四十景之一的廓然大公北侧太湖叠石中移到此地的。现存台北"故宫博物院"的《廓然大公八景册页》中也描绘了"披云径"御笔碑。

乾隆御笔"披云径"石碑及一起运来的太湖石

乾隆御笔"披云径"石碑

碑阴刻有乾隆御制诗
《披云径》

释文：绿云丛翠径紫纤，
面面深奇步步殊。
倩得仇英写生笔，
定须为作采芝图。
乾隆乙亥夏御题。

195

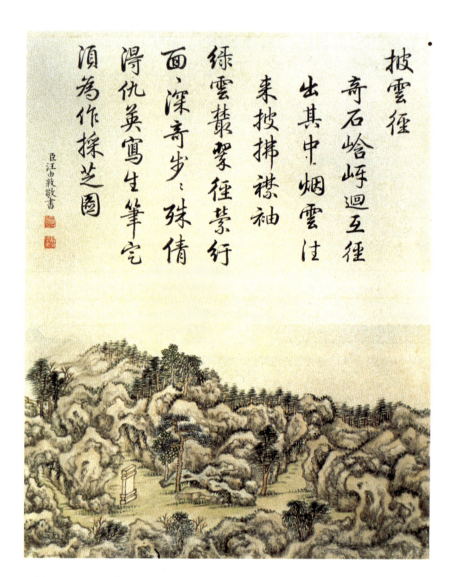

现存台北"故宫博物院"的《廓然大公八景册页》中描绘的"披云径"御笔碑

释文：披云径

奇石岭岈迴互径出其中烟云往来披拂襟袖。

绿云丛翠径萦纡，面面深奇步步殊。倩得仇英写生笔，定须为作采芝图。

臣汪由敦敬书。

参考文献

程演生. 圆明园考. 北京：中华书局，1928.

王威. 圆明园. 北京：北京出版社，1957.

王威. 北京史地丛书：圆明园. 北京：北京出版社，1980.

圆明园管理处. 圆明园园史简介. 北京：圆明园管理处，1980.

舒牧，申伟，贺乃贤. 圆明园资料集. 北京：书目文献出版社，1984.

彭哲愚，张宝章，邓柯. 颐和园圆明园的传说. 石家庄：河北少年儿童出版社，1985.

孙建华. 一代名园的兴衰：纪念圆明园罹难125周年. 成都：四川民族出版社，1987.

曾昭奋，何重义. 一代名园圆明园. 北京：北京出版社，1990.

刘占武. 圆明园沧桑记. 北京：北京少年儿童出版社，1991.

（清）爱新觉罗·弘历. 清高宗御制诗文集. 北京：中国人民大学出版社，1993.

张恩荫. 圆明园变迁史探微. 北京：北京体育学院出版社，1993.

[法]阿兰–佩雷菲特，王国卿，等. 停滞的帝国：两个世界的撞击. 北京：生活·读书·新知三联书店，1993.

常润华. 京华博览丛书：圆明园兴衰始末. 北京：北京燕山出版社，1998.

圆明园管理处. 圆明园的故事. 北京：圆明园管理处，1998.

王道成. 圆明园：历史、现状、论争. 北京：北京出版社，1999.

吴伯娅. 圆明园史话. 北京：中国大百科全书出版社，2000.

刘继文. 圆明园遗址风光. 北京：北京体育大学出版社，2002.

张恩荫. 三山五园史略. 北京：同心出版社，2003.

秦风老照片馆. 残园惊梦：奥尔末与圆明园历史影像. 桂林：广西师范大学出版社，2010.

刘阳. 北京城内的圆明园流散文物. 台北：中华文物学会，2011.

刘阳. 谁收藏了圆明园. 北京：金城出版社，2013.